Cómo Conseguir Su Visa

Sesenta Maneras (Legales) de Inmigrar a EE.UU.

Debbie M. Schell
Kurt A. Wagner
Abogados

SPHINX® PUBLISHING
AN IMPRINT OF SOURCEBOOKS, INC.®
NAPERVILLE, ILLINOIS
www.SphinxLegal.com

Primera Edición, 2005

Publicado por: **Sphinx® Publishing, impresión de Sourcebooks, Inc.®**

<u>Oficina de Naperville</u>
P.O. Box 4410
Naperville, Illinois 60567-4410
630-961-3900
Fax: 630-961-2168
www.sourcebooks.com
www.SphinxLegal.com

Esta publicación está destinada a proporcionarle información correcta y autorizada respecto a los asuntos cubiertos. Se vende entendiéndose que la editorial no se compromete a suministrar servicios legales o contables, ni ningún otro tipo de servicios profesionales. Si se requiere asesoramiento legal u otro tipo de consulta profesional, se deberán contratar los servicios de un profesional competente.

De una Declaración de Principios aprobada conjuntamente por un Comité de la Asociación Americana de Colegios de Abogados y un Comité de Editoriales y Asociaciones

Este libro no reemplaza la ayuda legal.

Advertencia requerida por las leyes de Texas.

Library of Congress Cataloging-in-Publication Data
Schell, Debbie M.
 Como conseguir su visa / por Debbie M. Schell y Kurt A. Wagner. -- 1. ed.
  p. cm.
 ISBN-13: 978-1-57248-671-3 (pbk. : alk. paper)
 ISBN-10: 1-57248-671-6 (pbk. : alk. paper)
 1. Visas--United States--Popular works. 2. Emigration and immigration law--United States--Popular works. I. Wagner, Kurt A. II. Title.

KF4827.Z9S338 2006
342.7308'2--dc22

                                                2006032391

Imprentado en los Estados Unidos de America
VP — 10 9 8 7 6 5 4 3 2 1

Sumario

Introducción

habían tomado las huellas digitales y una fotografía digital. Mientras hojeaba el pasaporte, el inspector le preguntó a Ana si tenía intenciones de trabajar durante su estadía en Estados Unidos, y ésta respondió con total sinceridad: "No... a menos que se me termine el dinero... y aunque así fuera, no habría problema alguno porque mi primo tiene un restaurante en Miami y siempre podría trabajar allí para ganar un poco de dinero extra." Aunque tenía una visa válida, el inspector de inmigración le denegó a Ana la entrada a EE.UU.

Este ejemplo, exagerado en cierta medida, indica a grandes rasgos en qué consiste y en qué no consiste una visa.

La mejor manera de entender lo que significa una visa es que le da derecho al titular a viajar a un país y a solicitar autorización para entrar en él. La visa en sí no otorga derecho a ingresar en el país. En Estados Unidos se necesita una visa para ser admitido, pero no se garantiza la admisión. En otras palabras, es una especie de mecanismo de preselección, un documento en el que se indica que parece ser que el titular reúne los necesarios requisitos para entrar en Estados Unidos bajo ciertas circunstancias. En última instancia, los funcionarios de inmigración de la correspondiente frontera tomarán la decisión definitiva respecto a permitirle o no ingresar al país bajo la condición migratoria que usted solicita.

Comprender en qué consiste una visa y las opciones que usted tiene en lo que se refiere a obtener una visa es un primer paso fundamental para poder ingresar en Estados Unidos. Este libro ofrece un nuevo cuadro panorámico sobre las visas disponibles y los cambios recientes al respecto. En gran medida es una obra distinta de los demás libros publicados sobre este tema.

■ Se centra en las visas que con más frecuencia utilizan los solicitantes de visas para EE.UU. de países de habla hispana.

■ Pone en relieve los cambios que han experimentado las leyes y procedimientos de inmigración desde los atentados terroristas del 11 de septiembre en Nueva York. Se incluye información sobre los nuevos requisitos en cuanto a fotografías y huellas digitales, y los nuevos procedimientos aplicables a las visas otorgadas sobre la base del tratado NAFTA.

■ Además de las descripciones de las visas y los procedimientos específicos para cada una de ellas, este libro ofrece diversas sugerencias y ejemplos de casos basados en nuestra experiencia y en nuestra calidad de abogados de inmigración.

Esperamos que este libro le ayude y le deseamos que sus planes se cumplan de la mejor manera posible.

Debbie M. Schell, JD
Kurt A. Wagner, JD, MBA
Abogados

Bufete Jurídico de Kurt A. Wagner
780 Lee Street
Des Plaines, IL 60016

www.WagnerUSLaw.com
Correo electrónico:
wagner@wagneruslaw.com
schell@wagneruslaw.com

ACLARACIÓN

Este libro no sustituye un asesoramiento legal y su lectura no constituye un vínculo entre cliente y abogado. Al compilar la información incluida en este libro hemos tomado todas las debidas precauciones, aunque las leyes y procedimientos de migración de EE.UU. cambian constantemente y no podemos garantizar la exactitud ni la vigencia de los materiales presentados. Antes de tomar decisiones o efectuar cualquier trámite relacionado con asuntos migratorios, se recomienda siempre obtener el asesoramiento de un abogado de inmigración competente.

Capítulo 1

Visas de Inmigrante y No Inmigrante

Las autoridades migratorias de EE.UU. dividen las visas en dos categorías principales: visas de inmigrante y visas de no inmigrante. La visa necesaria depende del *motivo* por el cual el extranjero se traslada a EE.UU. y *cuánto tiempo desea permanecer en el país.*

Los extranjeros que deseen trasladarse a Estados Unidos para vivir en este país permanentemente deberán obtener una visa de inmigrante, y aquellos que deseen trasladarse a Estados Unidos durante una temporada y tengan intenciones de abandonar el país transcurrida dicha temporada, deberán obtener una visa de no inmigrante. Estas dos categorías son sumamente amplias y abarcan un gran número de visas a las que el extranjero podría tener derecho, según el propósito y la duración de su estadía.

Independientemente del tipo de visa, éstas pueden obtenerse de dos maneras distintas. A la primera modalidad se la conoce como *tramitación consular*, a través del Departamento de Estado de Estados Unidos (DOS, por sus siglas en inglés), para lo cual se requiere acudir a la correspondiente *embajada o consulado* de EE.UU. (generalmente en el país de origen del solicitante) y solicitar la visa que le interesa. La otra modalidad requiere tramitar su visa a través del *Servicio de Ciudadanía e Inmigración de Estados Unidos* (USCIS, por sus siglas en inglés), el cual cuenta con centros de servicio en todo EE.UU.

Técnicamente, el USCIS no emite visas, pero desde el punto de vista práctico si lo hace.

La tramitación de visas propiamente dicha se explica en el Capítulo 2, aunque es importante comprender que, dependiendo del tipo de visa que procure obtener, es posible que sólo tenga que tratar con uno de los citados organismos, o con ambos. Los restantes capítulos de este libro describen las visas, específicas, y los requisitos para obtener cada una de ellas. Este capítulo incluye un panorama general de los tipos de visa disponibles y los requisitos correspondientes para conseguirlas, además de algunos de los aspectos más importantes y las *diferencias* entre las visas de inmigrante y de no inmigrante.

ESTUDIO DE CASO

Juanita, de México, es enfermera calificada en su país de origen. Sus padres son ciudadanos de EE.UU. y quisieran que ella se traslade a EE.UU. para vivir con ellos. Juanita no sabe con seguridad si desea vivir en EE.UU., pero siempre ha deseado tener a oportunidad de trabajar como enfermera en uno de los mejores hospitales de dicho país.

En realidad, Juanita tiene más de una opción para obtener una visa. Podría solicitar una visa de no inmigrante que le permitiría traba-jar de enfermera en EE.UU. durante cierto período de tiempo. Juanita también tendría derecho, a través de una petición efectuada por sus padres, de obtener una visa de inmi-grante que le permitiría residir en EE.UU. per-manentemente para estar junto a su familia.

Visas de Inmigrante

Los extranjeros que vienen a EE.UU. con intención de quedarse permanentemente, necesitan obtener una visa de inmigrante. Estos solicitantes generalmente proce-den de dos maneras distintas, dependiendo de donde vivan en el momento de solicitar la visa.

Los extranjeros que vivan fuera de EE.UU. en el momento de presentar la solicitud de visa, deberán presentar dicha solicitud en la oficina consular que corresponda a su domi-cilio. Una vez emitida la visa, el extranjero podrá ingresar a EE.UU., donde adquirirá la condición de inmigrante legal.

Los Extranjeros que vivan fuera de EE.UU. deben acudir al consulado.

Los extranjeros que ya están en EE.UU., tales como inmigrantes indocumentados, trabajadores temporales, estudiantes extran-jeros y refugiados, no necesitan visa por-que ya están en territorio estadounidense. Es posible que un extranjero en tales con-diciones tenga derecho a solicitar un cambio de condi-ción migratoria para que se lo considere residente

Los extranjeros que viven en EE.UU. podrán presentar una solicitud de cambio de condición migratoria.

permanente legal. (Estos procedimientos se explican más detalladamente en el Capítulo 2.)

Categorías de Visas de Inmigrante

Las visas de inmigrante se dividen en dos categorías:
1. no sujetas a limitaciones numéricas y
2. sujetas a limitaciones numéricas.

Visas no Sujetas a Limitaciones Numéricas

Sólo los extranjeros comprendidos en ciertas categorías son elegibles para recibir una visa sin limitación numérica. Entre estas personas se incluyen las siguientes:

- familiares directos (cónyuge, hijo(as) no casado(as) menores de edad de un ciudadano de EE.UU., y los padres de un ciudadano de EE.UU. mayor de 21 años de edad);

- extranjeros residentes que regresan después de efectuar una visita temporael en el exterior (extranjeros que previamente hubiesen sido residentes permanentes legales en EE.UU. y regresan después de permanecer en el extranjero durante más de un año); y,

- ex ciudadanos.

Visas Sujetas a Limitaciones Numéricas

Siempre que en una categoría la cantidad de solicitantes calificados supere la cantidad de visas disponibles, dicha categoría se considerará *saturada*. Las visas de inmigrante para categorías saturadas se emitirán en el orden cronológico en el cual las solicitudes hayan sido presentadas, hasta que se llegue al número límite para la categoría. Es posible que a los inmigrantes que no son familiares directos, a los extranjeros residentes que regresan o a los ex ciudadanos se les impongan limitaciones numéricas. Sólo habrá cierta cantidad de visas disponibles cada año para ciertas categorías. En términos reales, esto significa que para ciertas categorías de visa el período de espera será muy extenso.

Los extranjeros sujetos a limitaciones numéricas generalmente están comprendidos en una de estas tres categorías:

1. *preferencial, en base a vínculos familiares*—familiares no directos (a diferencia de aquellos a los que se hace referencia anteriormente) que tienen algún parentesco con un ciudadano de EE.UU. o un residente permanente legal;

2. *preferencial, en base al empleo*—trabajadores extranjeros en diversos campos, incluidas aquellas personas con destrezas extraordinarias, profesionales con títulos de postgrado, trabajadores calificados, inversionistas y ciertos trabajadores de organizaciones religiosas; o,

3. *lotería de visas (visas pro diversidad)*—cada año se dispone de 50.000 visas para ciudadanos de ciertos países elegibles, sin vínculos con EE.UU. sobre la base de vínculos familiares, de empleo o educativos.

Solicitud de Visa

Los inmigrantes que solicitan una visa sobre la base de ciertas categoría, tales como trabajadores de importancia prioritaria, inversionistas, inmigrantes especiales e inmigrantes que presentan una solicitud pro diversidad, pueden solicitar la visa a título personal. Todos los demás deberán contar con un familiar o patrocinador (empresa u organización que les ofrezca trabajo) que formule una petición a su nombre.

En lo que se refiere a las visas que se basan en vínculos familiares, la primera etapa consiste en que el familiar que reside en EE.UU. llene y presente el Formulario I-30 a nombre del extranjero solicitante. Respecto a las visas que se basan en el empleo, la primera etapa consiste en que el patrocinador presente el Formulario I-40 en nombre del extranjero solicitante. Ciertos inmigrantes residentes que regresan del exterior y los empleados del gobierno de EE.UU. deberán tramitar su solicitud en una oficina consular de EE.UU. ubicada en el exterior. Todos los demás inmigrantes especiales deberán presentar el Formulario I-360 a través del servicio de inmigración en EE.UU.

Documentación del Solicitante

Todos los solicitantes de visas de inmigrante deberán presentar ciertos documentos, ya sea adjuntos a la solicitud de visa o en el momento de la entrevista para obtener la visa. En cuanto a algunas visas patrocinadas por familiares, el familiar que reside en EE.UU. deberá presentar una *Declaración Jurada de Respaldo Económico (Affidavit of Support)* en nombre del solicitante. De tal manera, se le garantiza al gobierno de EE.UU. que el potencial inmigrante no se convertirá en una carga pública. De la misma manera, todo patrocinador que patrocine una visa para un posible empleado deberá también demostrar que el extranjero no se convertirá en una carga pública.

Todos los solicitantes de visa deberán presentar ciertos documentos, tales como pasaporte, certificado de nacimiento y certificado policial. Por añadidura, el funcionario consular podrá indicarle si es necesario presentar otros documentos.

Por último, todos los solicitantes de visas deberán someterse a un examen médico efectuado por un médico designado por la oficina consular.

RECUERDE: No hay garantía de que se otorgue una visa al solicitante, motivo por el que éste deberá abstenerse de trazar planes definitivos, renunciar a su empleo o vender sus propiedades hasta que verdaderamente le hayan concedido la visa, la cual una vez emitida es válida durante seis meses a partir de la fecha de emisión.

Visas de No Inmigrante

El gobierno de EE.UU. opina que los visitantes de otros países contribuyen en gran medida a la vida cultural, educativa y económica de nuestra nación. Deberán obtener una visa de no inmigrante los extranjeros que deseen viajar a EE.UU. por un período de tiempo limitado y específico o con un propósito concreto (turismo, negocios, trabajo o estudios).

Existen más de ochenta visas de no inmigrante disponibles para aquellos inmigrantes que deseen trasladarse a EE.UU. durante una temporada limitada y específica. El tipo de visa al cual cada solicitante tenga derecho dependerá del propósito de su viaje a EE.UU. Se dispone de visas en categorías como las siguientes: funcionarios de gobiernos extranjeros, estudiantes académicos, trabajadores temporales, visitantes que participan en un intercambio, estudiantes de oficios e idioma inglés, trabajadores con capacidad extraordinaria, deportistas y figuras del mundo del espectáculo, trabajadores de organizaciones religiosas y víctimas de ciertos delitos.

Algunas visas de no inmigrante sólo requieren que el extranjero presente la solicitud de visa en el consulado de su propio país. Otras visas de no inmigrante requieren que el USCIS las apruebe antes de solicitar la visa en el consulado de EE.UU.

Visas Comunes que No Requieren la Aprobación Previa del USCIS

■ *Visas A-1, A-2, y A-3*: para embajadores de gobiernos extranjeros, ministros públicos, diplomáticos de carrera o funcionarios consulares y sus familiares directos (A-1); otros funcionarios de gobiernos extranjeros y sus familiares directos (A-2); y, los sirvientes o empleados personales de dichos diplomáticos o funcionarios (A-3).

■ *Visas B-1/B-2*: para viajes de negocios (B-1) y de placer (B-2) a EE.UU.

■ *Visas C-1, C-1D, C-2, C-3, y C-4*: para extranjeros en tránsito directamente a través de EE.UU. (C-1); extranjeros en tránsito que formen parte de la tripulación de un avión o una embarcación (C-1D); extranjeros en tránsito únicamente a la sede mundial de las Naciones Unidas en Nueva York (C-2); funcionarios de gobiernos extranjeros en tránsito (C-3); y, extranjeros en tránsito sin visa (C-4).

■ *Visa D-1*: para integrantes de la tripulación de aviones y embarcaciones que lleguen y partan de EE.UU. e integrantes de tales tripulaciones que se trasladen a EE.UU. para presentarse a trabajar en una embarcación o avión que parta de EE.UU.

■ *Visa DV-1*: para los solicitantes elegidos a través de *la lotería para obtener la tarjeta de residente* (visa pro diversidad).

■ *Visa E-1*: para un extranjero que viaje a EE.UU. a efectos de realizar una transacción comercial significativa para su propio país y EE.UU. o un extranjero que trabaje para una empresa que participe en dicha transacción.

■ *Visa E-2*: para un extranjero de un país amparado por un tratado que hubiera invertido o estuviera en vías de invertir un capital significativo en EE.UU. y se trasladara a EE.UU. a fin de dirigir o desarrollar la correspondiente operación comercial o un empleado ejecutivo de un comerciante de un país amparado por un tratado que tuviese la misma nacionalidad (del mismo país amparado por un tratado).

■ *Visas F-1/F-2*: para extranjeros (F-1) y sus cónyuges e hijos (F-2) que deseen estudiar en EE.UU.

■ *Visa F-3*: para ciudadanos y residentes de México y Canadá que deseen trasladarse diariamente a EE.UU. como "estudiantes fronterizos," a fin de asistir a clases en una escuela aprobada F (autorizada por el USCIS para inscribir estudiantes extranjeros).

■ *Visa G-1*: para los principales representantes de gobiernos extranjeros ante organizaciones internacionales situadas en EE.UU., sus familiares directos y empleados personales.

■ *Visa I*: para representantes de medios de comunicación extranjeros (periodistas, etc.) de un país que otorgue una visa similar a los representantes de los medios de comunicación de EE.UU.

■ *Visa J-1/J-2*: para extranjeros (J-1) y sus familiares (J-2) que deseen viajar a EE.UU. en calidad de visitantes que participan en un intercambio. (Este tipo de visa requiere una empresa patrocinadora y la participación en un Programa de Intercambio para Visitantes.)

- *Visa M-1*: para extranjeros estudiantes de oficios u otros estudiantes no académicos.

- *Visa M-3*: para ciudadanos y residentes de México y Canadá que deseen trasladarse diariamente a EE.UU., como "estudiantes fronterizos," a fin de asistir a clases en una escuela aprobada M (autorizada por el USCIS para inscribir estudiantes extranjeros).

- *Visa N*: para la madre, el padre o un hijo(a) (N-9) de aquellos extranjeros clasificados como *inmigrantes especiales*, como residentes permanentes que regresan, ex ciudadanos de EE.UU. que solicitan la readquisición de la ciudadanía, ciertos trabajadores de organizaciones religiosas, determinados empleados extranjeros del gobierno de EE.UU. y ciertos empleados del Canal de Panamá.

- *Visas Nato-1 a Nato-7*: para determinados representantes de la OTAN (siglas en inglés: NATO), funcionarios de los estados miembros de la OTAN, expertos, otros civiles y personal relacionado con la OTAN.

- *Visa Q-2*: para participantes en el *Irish Peace Process Cultural Training Program (Programa de Formación Cultural para el Proceso hacia la Paz entre los Irlandeses)*.

- *Visa R-1*: para trabajadores de organizaciones religiosas que pertenezcan a una religión que cuente con una entidad religiosa debidamente acreditada en EE.UU.

- *Visa S-5*: para extranjeros que posean información fiable respecto a un aspecto importante de un delito o la inminente perpetración de un delito y que estén dispuestos a transmitir tal información a los agentes de la ley o que estén dispuestos a prestar declaración sobre el particular ante un tribunal de justicia.

- *Visa S-6*: para extranjeros que posean información fiable respecto a un delito y estén dispuestos a transmitir dicha información o declarar sobre ello ante un tribunal, que corran peligro por proporcionar tal información y tengan derecho a que el Departamento de Estado les conceda una recompensa a tales efectos.

- *Visas T*: para víctimas de formas graves de tráfico de personas (T-1) y sus cónyuges (T-2), hijos(as) (T-3), y algunas veces sus padres (T-4).

- *Visa TN*: para ciudadanos canadienses y mexicanos definidos como profesionales bajo el tratado NAFTA y que se trasladan a EE.UU. en calidad de no inmigrantes a fin de trabajar para empresas de EE.UU. A los ciudadanos de Canadá no se les requiere la aprobación previa del USCIS y a los de México sí.

- *Visa U*: para extranjeros que hubieran sufrido abuso físico o mental significativo como consecuencia de haber sido víctimas de cierta actividad delictiva y colaboren con la investigación o el enjuiciamiento de un delito que se hubiera cometido en EE.UU. o en el cual se hubieran infringido las leyes de EE.UU.

- *Visas V-1/V-2*: para el cónyuge (V-1) o el(la) hijo(a) (V2) de un extranjero residente permanente que sea el principal beneficiario de una petición basada en vínculos familiares presentada antes del 21 de diciembre de 2000 que hubiera estado pendiente durante un lapso mínimo de tres años.

- *VW*: para ciudadanos de determinados países que son elegibles para participar en el programa de exención (dispensa) de visas *(Visa Waiver Program)*.

Visas Comunes que Requieren la Aprobación Previa del USCIS

■ *Visa EB-1:* visa de primera preferencia para trabajadores de importancia prioritaria con capacidad extraordinaria, destacados investigadores y profesores y ciertos ejecutivos y gerentes de compañías multinacionales.

■ *Visa EB-2:* visa de segunda preferencia para profesionales con títulos de postgrado o personas con capacidad excepcional.

■ *Visa EB-3:* visa de tercera preferencia para trabajadores calificados con un mínimo de dos años de formación o experiencia, profesionales con título universitario (equivalente al bachelor's degree de EE.UU.) y otros trabajadores.

■ *Visa EB-4:* visa de cuarta preferencia para personas de origen asiático cuyo padre sea ciudadano de EE.UU. (Amerasians), viudos y viudas de ciudadanos de EE.UU., cónyuge maltratado o víctima de abusos por parte de un ciudadano de EE.UU. o un titular de la tarjeta de residente, trabajadores de organizaciones religiosas, ciertos empleados del gobierno de EE.UU., determinados empleados de organizaciones internacionales que cumplen funciones a largo plazo y ciertos extranjeros que prestan servicio en las Fuerzas Armadas de EE.UU.

■ *Visa EB-5:* visa de quinta preferencia para inversionistas que crean empleo e invierten un mínimo de un millón de dólares en una empresa nueva que dé trabajo al menos a diez empleados.

■ *Visa F-1:* visa de primera preferencia para el(la) hijo(a) no casado(a) mayor de 21 años de edad de un ciudadano de EE.UU.

- *Visas F2-1 y F2-2*: visas de segunda preferencia (2A) para el(la) cónyuge (F2-1) de un extranjero residente permanente.
- *Visa F2-4*: visa de segunda preferencia (2B) para el(la) hijo(a) no casado(a) mayor de veintiún años de edad de un extranjero residente permanente.
- *Visa F3-1*: visa de tercera preferencia para un hijo(a) casado(a) de un ciudadano de EE.UU.
- *Visa F4-1*: para hermanos(as) de un ciudadano de EE.UU. adulto.
- *Visas H-1B/H-4*: para extranjeros que sean profesionales (H-1B) y sus familias (H-4) que se trasladen a EE.UU. a fin de trabajar temporalmente en su profesión.
- *Visa H-1C*: para enfermeros(as) que se trasladen a EE.UU. a efectos de trabajar durante un período máximo de tres años en áreas donde haya escasez de profesionales del sector salud.
- *Visa H-2A*: para trabajadores agrícolas o zafrales.
- *Visa H-2B*: para trabajadores temporarios calificados o no calificados.
- *Visa H-3*: para trabajo en régimen de prácticas (excepto médicos).
- *Visas IR-1, IR-2, e IR-5*: para familiares directos de ciudadanos de EE.UU., por ejemplo, cónyuge (IR-1), hijo(a) no casado(a) menores de 21 años de edad (IR-2) y padres (IR-5).
- *Visas IR-3 e IR-4*: para familiares directos adoptivos de ciudadanos de EE.UU., por ejemplo, hijos(as) no casados(as) menores de dieciséis años de edad adoptados en el exterior (IR-3); e hijos(as) no casados(as) menores de dieciséis años de edad adoptados en EE.UU. (IR-4).
- *Visa K-1*: para extranjero(a) que se traslada a EE.UU. en calidad de prometido(a) de un ciu-

dadano de EE.UU., con la intención de casarse con dicho ciudadano dentro de los noventa días posteriores a su entrada en EE.UU.

■ *Visas K-3 y K-4*: para el(la) cónyuge (K-3) o hijo(a) (K-4) de un ciudadano de EE.UU., a fin de ingresar en EE.UU. como no inmigrante.

■ *Visas L-1A, L-2, y L-1B*: para ejecutivos y gerentes (L-1A), sus cónyuges e hijos(as) (L-2), y empleados con conocimientos especializados (L-1B) de compañías que cuenten con una subsidiaria, empresa matriz, sucursal, empresa conjunta o negocio inicial en EE.UU., a quienes se traslade temporalmente a EE.UU.

■ *Visas O-1 y O-2*: para extranjeros con capacidad extraordinaria en el campo de las ciencias, artes, educación, negocios o deportes, y extranjeros que se trasladen temporalmente a EE.UU. exclusivamente a efectos de colaborar en los espectáculos artísticos o deportivos de un titular de la visa O-1 y cuya colaboración forme parte integral del desempeño del titular.

■ *Visa P-1*: para un extranjero o un equipo de deportistas o figuras del mundo del espectáculo reconocidos internacionalmente.

■ *Visa P-2*: para artistas y figuras del mundo del espectáculo que participen en programas de intercambio recíprocos.

■ *Visa P-3*: para artistas y figuras del mundo del espectáculo que toman parte en programas culturalmente incomparables.

■ *Visa Q-1*: para visitantes que participan en intercambios culturales internacionales.

Documentación que Debe Presentar el Solicitante

Todos los extranjeros y solicitantes de visas de no inmigrante (con excepción de los canadienses, participantes en el programa de exención de visas, Visa Waiver Program, y un grupo selecto de solicitantes) deberán presentar determinada documentación al consulado de EE.UU. en el momento de presentar su solicitud de visa o en el momento de la entrevista para la visa consular.

La documentación requerida incluye, entre otros, los siguientes elementos:

- el Formulario DS-156 y el Formulario DS-157 (si corresponde);
- el Formulario DS-158 (para estudiantes que solicitan la visa F-1 y visitantes que participan en intercambios a través de la visa J-1);
- pasaporte;
- fotografía del solicitante;
- tasa de tramitación;
- pago de la tasa para obtener la visa (legible a máquina);
- constancia de aprobación de una petición o certificación como no inmigrante (si corresponde); y,
- todos los demás documentos que pudieran avalar la elegibilidad del solicitante para el tipo de visa que desea obtener.

Capítulo 2

Tramitación de Visas

No crea que lo está imaginando. Obtener una visa para EE.UU. o ingresar a este país está haciéndose cada vez más difícil. El motivo en verdad no es, que Estados Unidos haya establecido requisitos más difíciles para obtener una visa—las leyes siguen siendo bastante generosas en cuanto a reunir los requisitos para solicitar una visa—pero el procedimiento para conseguir una visa es más difícil.

En términos generales, se entiende por *tramitación de la visa* las etapas que conllevan la gestión para obtener una visa y los organismos y funcionarios que se encargan de cada etapa. La primera modalidad se conoce como *tramitación consular*, en cuyo caso el extranjero presenta su solicitud y los documentos que la avalan en el consulado de EE.UU. o en la sección consular de la embajada de EE.UU. de su país de origen. Un funcionario consular examina la solicitud. Si se toma una decisión favorable, el funcionario consular pondrá el sello de la visa en el pasaporte del solicitante.

La segunda modalidad de tramitación de visas se efectúa a través de un *Centro de Servicio del* USCIS, en cuyo caso el extranjero presenta su solicitud en el correspondiente Centro de Servicio del USCIS en EE.UU. Dicha dependencia examina la solicitud y toma una decisión. Si la decisión es favorable, el Centro de Servicio, a diferencia del consulado, no emitirá una visa sino que procederá a *cambiar la condición migratoria* del solicitante. Las consecuencias son las mismas, dado que el solicitante obtendría el permiso que necesita para visitar Estados Unidos o residir en este país.

Programa US-VISIT

Se conoce como US-VISIT al sistema de Tecnología Indicadora de Estatus de Visitantes e Inmigrantes a Estados Unidos. En términos sencillos, se trata de una gigantesca base de datos que permite al gobierno de EE.UU. verificar, en cualquier momento que lo desee, cuándo un extranjero entra o sale del país. En otras palabras, US-VISIT es un sistema automatizado de entrada y salida que agiliza los desplazamientos de los viajeros que cumplen las leyes, y hace más difícil la entrada a EE.UU. de ilegales, terroristas o delincuentes.

Mediante el sistema US-VISIT se recolecta una serie de datos sobre usted y otras personas que intentan ingresar a EE.UU.

A través del sistema US-VISIT se reúne y mantiene una amplia gama de información personal sobre usted cada vez que entra o salede EE.UU. Tal información incluye la fecha de entrada o partida, su nacionalidad, la clasificación de su visa, nombre completo, fecha de nacimiento, ciudadanía, sexo, número de pasaporte, país de residencia, número de visa para EE.UU. y dirección completa en Estados Unidos. Esta enorme base de datos fue establecida por el DHS y el Departamento de Estado, y ambos organismos son los que la manejan.

La información contenida en el sistema US-VISIT está a disposición de los inspectores de los puntos de entrada y agentes especiales de la Oficina de Aplicación de Leyes de Inmigración y Aduanas de Estados Unidos (ICE), del personal de los centros de servicio del USCIS, de los funcionarios consulares de EE.UU. y de las entidades que garantizan el cumplimiento de la ley. La información que abarca la base de datos puede utilizarse para identificar a los no inmigrantes que hayan permanecido en el país después de vencida su visa o a los que hubieran infringido de alguna otra forma en las condiciones relacionadas a su admisión a EE.UU. (por trabajar sin autorización, por ejemplo).

Datos Biométricos Personales

Las disposiciones legales relacionadas con el sistema US-VISIT requieren también que los funcionarios de frontera de Estados Unidos obtengan una mayor cantidad de información sobre los visitantes e inmigrantes que llegan al país.

A todo extranjero no inmigrante que visite Estados Unidos se le deberán tomar las huellas dactilares y fotografía en el punto de entrada. Tanto las huellas dactilares como la fotografía se toman con máquinas de alta tecnología, en tan sólo unos minutos. Sin embargo, es posible que ahora lleve más tiempo cruzar los puntos fronterizos.

La obligación de tomarse las huellas dactilares y la fotografía se aplica ahora también, a los visitantes de aquellos países que forman parte del programa de exención de visas (Visa Waiver Program), el cual se describe detalladamente en el Capítulo 3. Este programa permite a los ciudadanos de ciertos países ingresar a Estados Unidos y permanecer temporalmente, en este país por un plazo máximo de tres meses, por motivos de negocios o viaje de placer, sin la necesidad de contar con una visa previa.

Entrevistas

En el marco de las leyes de inmigración, la entrevista— con un funcionario consular o un funcionario de inmigración de EE.UU.— siempre ha formado parte de la tramitación de una visa. Lo que sí ha cambiado es la frecuencia y la complejidad de las entrevistas, las cuales, en la actualidad, se requieren para casi todo tipo de visa y en todas las embajadas y consulados de EE.UU.

> *Planifique debidamente y solicite una entrevista con suficiente antelación.*

El mayor número de entrevistas personales, naturalmente, hace más lenta la tramitación en numerosos consulados y centros de servicio. Algunas veces, es posible evitar tardanzas planeando de antemano. Por ejemplo, si usted sabe que viajará a su país de origen dentro de tres meses y que debe renovar la visa antes del viaje, concerte ahora mismo su entrevista para la visa.

El aspecto fundamental para todas las entrevistas de este tipo, ya sea en el consulado o el centro de servicio del USCIS, es presentarse debidamente preparado. Lleve fotocopias de todos sus papeles de inmigración y procure prever las preguntas que le formularán. En la entrevista siempre diga la verdad, y recuerde que, siempre que diga la verdad, tiene derecho a plantear su caso en la forma que le resulte más favorable.

RECUERDE: Siempre examine sus papeles de inmigración (todos los documentos presentados ante el consulado o el USCIS) antes de cada entrevista e infórmese de lo que se comunica en ellos. Por ejemplo, a una solicitante que durante la entrevista declaró una dirección personal distinta de la que constaba en el formulario que había presentado, le denegaron la visa porque no pudo explicar rápida y fácilmente el motivo de dicha diferencia.

Requisitos Respecto a Fotografías

Tanto el Departamento de Estado como el USCIS siempre han establecido requisitos muy precisos respecto a las fotografías. Tales requisitos responden a dos propósitos: En primer lugar, garantizan que su foto será adecuada para el documento que corresponda (tarjeta de residente, por ejemplo). En segundo lugar, los requisitos se establecen para que la fotografía sea un retrato fiel de usted (sin bufandas, pañuelos, lentes oscuros, etc.).

El USCIS requiere que todas las fotografías del solicitante deberán ser de frente (tomadas directamente enfrente a la cámara). Anteriormente se requería una foto en tres cuartos de perfil. Los demás requisitos para fotografías siguen siendo los mismos:
- sólo debe aparecer el solicitante;
- a cabeza debe cubrir el 50% de la foto;
- a color;

- tomada hace un máximo de seis meses;
- fondo claro y sin ornamentos;
- 2 x 2 pulgadas (5,08 x 5,08 cm.); y,
- sin cubrir la cabeza ni la cara.

> **RECUERDE:** Si usted no está en EE.UU. y tiene dudas respecto al tipo de fotografía correcto, llame al consulado de EE.UU. (o visite el sitio Web si dispone de acceso a Internet) donde, seguramente, le proporcionarán una lista de los estudios fotográficos de la zona en los cuales podrán tomarle las fotografías adecuadas.

Tramitación Consular

La tramitación consular, en su forma más general, se refiere a las medidas que el consulado de EE.UU. toma cuando usted presenta una solicitud para obtener determinada visa. Sin embargo, la mayor parte de la gente cree que se trata de la alternativa a la petición de una condición migratoria a través del centro de servicio del USCIS.

El consulado de EE.UU. puede emitir ciertas visas sin la aprobación previa del USCIS. Las más importantes son la visa B-1/B-2, para visitantes temporales.

El Departamento de Estado, a través del Buró de Asuntos Consulares, lleva el control de todos los consulados de EE.UU. y es la única dependencia gubernamental que puede emitir visas, a diferencia del USCIS que otorga cambios de condición migratoria, lo cual no es lo mismo que emitir visas. Sin embargo, a menudo los resultados son los mismos y la tramitación para obtener una visa generalmente comienza por el USCIS.

Generalmente, la obtención de una visa es un trámite que consta de dos etapas. En el caso de la mayor parte de las visas de trabajo y de inmigración, en primer lugar se presenta una petición ante el USCIS. Acto seguido, este organismo aprueba la petición, envía al consulado un aviso al respecto y el consulado emite la visa.

No obstante, el consulado puede emitir determinadas visas sin que el USCIS las apruebe de antemano.

> **RECUERDE:** No olvide que aunque usted solicite una visa que requiera la aprobación previa del USCIS y usted cuente con dicha aprobación, un funcionario consular de EE.UU. puede denegarle la visa. Si el funcionario consular pudiera tener motivos para sospechar que usted mintió en la petición presentada ante el USCIS o cree que su situación ha cambiado, podría negarse a aprobar su visa. Siempre prepárese cuidadosamente para cada entrevista con el personal del consulado de EE.UU.

Ventajas y Desventajas de la Tramitación Consular

Si usted está fuera de Estados Unidos, la única alternativa es la tramitación consular. Por otra parte, quien esté en Estados Unidos, generalmente puede elegir entre solicitar que el USCIS tramite el cambio de su condición migratoria o solicitar dicho cambio al consulado de EE.UU. de su país de origen o residencia. La tramitación consular tiene ciertas ventajas.

La primera ventaja de la tramitación consular es que suele ser más rápida. Por ejemplo, la tramitación ante el USCIS de una solicitud para obtener la condición de inmigrante, utilizando el Formulario I-485, lleva entre dieciocho y treinta meses. La tramitación ante un consulado puede disminuir dicho plazo a entre tres y nueve meses. Sin embargo, a partir del 11 de septiembre la ventaja se ha reducido en gran medida. Ya no puede suponerse que la tramitación consular es rápida. Los consulados llevan a cabo más investigaciones de los antecedentes de los solicitantes, verifican más la información local, efectúan más entrevistas y, sencillamente, tardan más. Tal cosa significa que usted deberá analizar con mucho detenimiento si las escasas posibilidades de acelerar el trámite justifica las desventajas de la tramitación consular, las cuales a veces son significativas.

> La decisión del funcionario consular es inapelable.

La principal desventaja de la tramitación consular es que no existe posibilidad alguna de apelar. La decisión del funcionario consular se considera definitiva. Existen algunas maneras limitadas de oponerse a una decisión tomada por haber aplicado la ley en forma indebida, pero este tipo de argumento es difícil de plantear y aún así no garantiza la obtención de la visa. Si el funcionario consular, por ejemplo, establece que usted no cuenta con suficiente dinero para sobrevivir según el tipo de visa que solicita, usted no podrá plantear recurso alguno contra dicha decisión.

La tramitación consular deberá efectuarse en su país de origen, el cual podrá considerarse el país donde usted nació o aquel en el que reside permanentemente. Usted—y toda su familia, en caso de que necesiten visa—deberán trasladarse físicamente a su país a efectos de obtener la visa. Si le deniegan la visa no podrá volver a EE.UU., a menos que sus circunstancias cambien.

No estar en EE.UU., impide también aprovechar los posibles beneficios. Por ejemplo, si usted está cambiando su condición migratoria a titular de tarjeta de residente, podrá solicitar un permiso de trabajo o un permiso de regreso anticipado. (Estos beneficios se explican en otra parte de este texto, aunque, fundamentalmente, a uno le permiten trabajar y viajar mientras espera que el USCIS despache su petición.) Fuera de Estados Unidos no pueden obtenerse tales beneficios.

RECUERDE: Si usted está en una de las siguientes situaciones, deberá evitar la tramitación consular.

- Si ha cambiado su condición migratoria de B-2 a F-1 o H.
- Si posee una certificación de trabajo basada en su empleo pero no sabe suficiente inglés o no cuenta con información actualizada sobre su especialidad de trabajo. Los funcionarios consulares suelen interrogar a los solicitantes respecto a los aspectos técnicos de su trabajo, especialmente en la industria de la informática.
- Si ha permanecido ilegalmente en EE.UU. durante más de 180 días, podrán dictaminar que usted está sujeto a la prohibición de reingresar durante tres o diez años.
- Si es ejecutivo de una empresa multinacional y ha cambiado la relación entre su patrocinador extranjero y el de EE.UU.

■ Si confía en aprovechar la "portabilidad" de la tarjeta de residente según la sección 204(j) de la INA, a fin de cambiar de trabajo antes de concluir los trámites para obtener la residencia permanente.

La Entrevista Consular

Generalmente, la última etapa para la obtención de la visa consiste en una entrevista con un funcionario consular estadounidense en un consulado o embajada de EE.UU. Si el resultado de la entrevista es positivo, el funcionario consular dispondrá que le sellen el pasaporte con la debida visa, algunas veces inmediatamente después de la entrevista.

Debido a la importancia de la entrevista, numerosos solicitantes "se ponen nerviosos" al pensar en la entrevista. Es importante tener en cuenta que, según los reglamentos vigentes, a los funcionarios consulares se les imparte formación e instrucción para efectuar las entrevistas en forma cortés y profesional. Asimismo, la mayor parte de las entrevistas consulares son cortas y a menudo no duran más que unos minutos. En algunos casos el funcionario encargado de la entrevista es ciudadano del país donde funciona el consulado. No obstante, luego de los sucesos del 11 de septiembre, es cada vez más común que las entrevistas de todos los solicitantes de visas las efectúen funcionarios consulares estadounidenses.

La mayoría de las entrevistas son breves.

Casi siempre, el funcionario consular planteará sus preguntas en base a los datos que usted o su patrocinador proporcionaron en la petición de la visa y/o el Formulario DS-156 que usted llene específicamente para presentar en el consulado. Por tal motivo, es sumamente importante que usted conozca bien la información contenida en sus formularios y sepa explicarla. Es también esencial decir la verdad. Si el funcionario consular descubre una mentira le denegará la visa de inmediato. Tal cosa no significa que usted deba, por su cuenta, proporcionar datos que no le soliciten. Sencillamente, limítese a responder las preguntas diciendo la verdad.

> *Dispóngase a decir la verdad.*

La mayoría de los solicitantes de visas no se dan cuenta de que, de conformidad con la ley, se requiere que todo funcionario consular suponga que el solicitante planea trasladarse a Estados Unidos para quedarse. En otras palabras, suponen que todo solicitante de visa intenta quedarse a vivir en EE.UU. Por motivos obvios, tal suposición no ocasiona problemas si usted procura obtener una visa de inmigrante. De lo contrario, tendrá que contrarrestar las sospechas del funcionario demostrando que posee un hogar permanente en su propio país el cual no piensa abandonar y que se marchará de Estados Unidos cuando venza su visa. Es necesario explicarle al funcionario consular sus planes para su estadía en EE.UU., de manera clara y veraz y convencerlo de que usted regresará a su país de origen después de lograr sus objetivos.

A partir del 11 de septiembre, los funcionarios consulares están tomando muchas más precauciones que nunca para determinar si los solicitantes de visa están involucrados, de una manera u otra, en actividades terroristas. El funcionario consular hará hincapié en verificar que usted sea la persona que declara ser, examinará sus antecedentes para detectar toda posibilidad de instrucción terrorista y se asegurará de recabar todas las explicaciones pertinentes relacionadas con actividades delictivas pasadas.

Para una gran mayoría de solicitantes de visas, además del tiempo adicional que toma, esta parte de la entrevista no les plantea ningún problema. Sin embargo, si en sus antecedentes hay ciertos "vacíos" o su nombre se parece al de un sospechoso de actividad terrorista, es de esperar que se produzcan demoras o, incluso, posiblemente le denieguen la visa.

Tramitación desde un Tercer País

Existen ocasiones en las que es necesario salir de Estados Unidos a fin de efectuar la tramitación de la visa, cuando el USCIS requiera que el solicitante obtenga una visa emitida por un consulado, lo cual puede ocurrir, por ejemplo, en caso de que una persona haya permanecido en EE.UU. después de vencerse su visa original o cambie una visa de visitante por otro tipo concreto de visa de no inmigrante. Para los solicitantes que ya están en EE.UU., tal cosa significaría trasladarse al país de origen, lo cual a menudo requiere bastante tiempo y dinero.

A los ciudadanos de terceros países se les otorga la prioridad más baja en el calendario de aprobaciones y no se les permite efectuar trámites en todos los consulados de Canadá y México.

A fin de evitar gastos excesivos, sería mejor para tales solicitantes dirigirse a un consulado de EE.UU. en Canadá o México. De tal manera, el solicitante sale de EE.UU. pero no tiene que desplazarse muy lejos. A menos que sea canadiense o mexicano, se considerará al solicitante residente de un tercer país y el procedimiento se denomina tramitación de visa desde un tercer país (third-country visa processing). En todos los casos en que usted solicite una visa en un consulado de una localidad que no esté situada en su país de origen (o el país donde reside permanentemente), usted estará efectuando la tramitación desde un tercer país.

A los ciudadanos de terceros países ("no canadienses" en Canadá y "no mexicanos" en México) se les concede la prioridad más baja en cuanto a la tramitación consular. En primer lugar, es posible, también, que necesiten una visa de visitante para que se los admita en Canadá o México. Los consulados de EE.UU. en Canadá y México requieren que los solicitantes de visas de terceros países concierten una cita para tramitar la visa, para lo cual deberán llamar al teléfono 1-900-443-3131 (si usted está en EE.UU. le cargarán a su cuenta telefónica cada minuto que permanezca en la línea). Desde Norteamérica, también puede llamarse al 1-888-840-0032, si desea que le facturen la llamada a su tarjeta de crédito. También puede concertarse una cita ingresando en **www.nvars.com**, para lo cual deberá pagar una tasa.

Las citas deben concertarse con un mínimo de dos semanas de antelación. Tenga listo su número de pasaporte y cualquier número de referencia de las llamadas anteriores. Le preguntarán en qué consulado desea efectuar la solicitud y lo informarán sobre los días y horas disponibles. Una vez que le den una cita, deberá confirmarla verbalmente con el operador; de lo contrario la cita quedará anulada. Es posible que le remitan los documentos aplicables para su cita, incluida la información sobre los documentos que debe llevar a la cita.

Si usted debe cancelar su cita, llame al teléfono 1-888-611-6676 (llamada gratuita). Asimismo, recuerde que si usted cancela una cita y no avisa con cuarenta y ocho horas de antelación o no se presenta, es posible que se requieran tres meses de espera antes de concertar otra cita.

> **NOTA:** A partir del 1 de noviembre de 2002, el consulado de EE.UU. en Ciudad Juárez, México (CJ) ya no acepta solicitudes presentadas por ciudadanos de terceros países, con la siguiente excepción: CJ aún recibirá solicitudes de visa F-1, para estudiantes que cursan programas a tiempo completo para la obtención de un título, que puedan demostrar que su visa de "posible estudiante" inicial (F-1 o B-2) hubiera sido emitida en su país de origen.

> CJ seguirá recibiendo las solicitudes presentadas por los residentes del distrito, principalmente de Chihuahua, además de los estados de Durango y Coahuila. CJ continuará también aceptando solicitudes de todo ciudadano de un tercer país que sea residente de México (titular de una visa FM-3, por ejemplo) y de ciudadanos de terceros países que vivan en la zona de El Paso (sur de Nuevo México/oeste de Texas) y trabajen en Ciudad Juárez, previa presentación de su FM-3 como constancia de residencia.

Tramitación en un Centro de Servicio del USCIS

El USCIS cuenta con cuatro centros de servicio regionales que tramitan solicitudes de cambio de condición migratoria, situados en California, Nebraska, Texas y Vermont. Cuenta también con oficinas distritales en todo Estados Unidos, abiertas al público a efectos de responder preguntas sobre inmigración. Si usted está en Estados Unidos, podrá dirigirse directamente al centro de servicio o a la oficina distrital responsable del área en la cual usted vive o trabaja. Si está fuera de EE.UU., es posible que aún así tenga que recurrir a un centro de servicio del USCIS, aunque obtenga su visa en un consulado de EE.UU. en su país de origen. Para emitir ciertos tipos de visas, el consulado de EE.UU. requiere la aprobación previa del USCIS.

Tramitación a Través del USCIS

El USCIS no tramita ni emite visas sino que otorga cambios de condición migratoria. Esto significa que el USCIS, a través de sus centros de servicio, puede cambiar su condición migratoria, lo cual quiere decir, en la mayor parte de los casos, que su condición de visitante o estudiante cambia a una de inmigrante. No obstante, el USCIS desempeña un papel fundamental en la tramitación de visas al aprobar, previamente, ciertos tipos de visas. En estos casos, el USCIS examina sus antecedentes, sus vínculos personales y la actividad a la que usted planea dedicarse, a fin de determinar si tiene derecho a obtener la visa. Si le otorga la aprobación previa, el USCIS notifica al consulado sobre el particular, para que le emitan la visa.

Entre las visas que requieren tramitación previa a través del USCIS están todas las visas de inmigrante, incluidas las visas para familiares directos (IR), visas en base a vínculos familiares (F) y visas en base al empleo (EB).

Varias visas de no inmigrante también requieren tramitación previa en las dependencias del USCIS. Entre ellas se incluyen todas las visas relacionadas con el empleo, tales como las visas para profesionales (H-1B), visas para trabajadores zafrales (H-2A), visas para trabajo temporal (H-2B) y visas para gerentes de empresas multinacionales (L-1). Las visas para intercambios y trabajo en régimen de prácticas (J-1 y H-3) también requieren tramitarse previamente ante el USCIS. Las visas de estudiante (F-1), no requieren trámite previo ante el USCIS pero sí se exige la aprobación y notificación previas de una escuela aprobada.

El requisito de tramitación a través del USCIS implica, a menudo, un proceso que consta de estas tres etapas para ingresar en EE.UU. con una visa.
1. Obtener la aprobación del USCIS.
2. Obtener la visa en el consulado de EE.UU.
3. Obtener una entrevista, someterse a inspección, y ser admitido en la frontera.

Ventajas y Desventajas

Para algunas personas (principalmente no inmigrantes que cambian su condición migratoria en base al empleo o vínculos familiares) no existe otra alternativa que la tramitación a través del USCIS. Para quienes tienen otras opciones, uno u otro método de tramitación implica ventajas y desventajas. Aunque el inconveniente principal de la tramitación a través del USCIS es la lentitud del avance de dichas gestiones, ésta generalmente resulta más ventajosa que la tramitación consular.

> *La tramitación a través del USCIS lleva mucho tiempo.*

Para la mayoría de los casos de cambio de condición migratoria, la tramitación en las oficinas del USCIS suele tardar dos o tres veces más que la tramitación consular, lo cual significa una diferencia de entre seis y dieciocho meses.

Los nuevos procedimientos han facilitado en gran medida la espera para el cambio de condición migratoria. Ahora es posible solicitar un Documento de autorización de empleo mediante el Formulario I-765 y al mismo tiempo solicitar cambio de condición migratoria presentando el Formulario I-485. De esta forma, se reduce considerablemente la espera hasta poder trabajar, lo cual significa que usted puede permanecer y trabajar en Estados Unidos mientras espera que le envíen su tarjeta de residente.

Teniendo en cuenta todos los factores, en la actualidad es mucho más seguro solicitar el cambio de condición migratoria en las oficinas del USCIS que trasladarse fuera de Estados Unidos para obtener una visa en un consulado. La posibilidad de un trámite más rápido no compensa el riesgo de que le rechacen la solicitud en el consulado.

InfoPass

El antiguo Servicio de Inmigración y Naturalización (INS) se caracterizaba por largas filas y esperas ante los mostradores, teléfonos que sonaban y sonaban sin que nadie los contestara y, en general, muy difícil acceso. El nuevo USCIS procura decididamente cambiar la situación y, para tal fin, utiliza la tecnología moderna. Actualmente, si usted dispone de acceso a Internet, puede concertar citas directamente con el USCIS.

> *La tramitación a través del USCIS puede resultar más segura que salir de EE.UU. para solicitar una visa en un consulado estadounidense.*

InfoPass es un sistema que funciona en Internet, que permite al público concertar citas en línea con los funcionarios de inmigración de las oficinas del Servicio de Ciudadanía e Inmigración

> InfoPass es un sistema seguro que funciona a través de Internet.

de Estados Unidos (USCIS). Si usted desea plantear una pregunta o duda sobre inmigración bastante compleja, que requiera la atención personal de un funcionario del USCIS, InfoPass ofrece una alternativa conveniente a esperar en fila.

Para utilizar InfoPass basta con una computadora que tenga acceso a Internet. Sencillamente, escriba la dirección **www.uscis.gov** en la línea de dirección del navegador (*browser*) y, a continuación, haga clic en la página de inicio de InfoPass. Aparecerá un formulario en el que le pedirán que indique su nombre, fecha de nacimiento, código postal, número de teléfono, fecha que desea para la cita y el tipo de trámite o consulta que desea efectuar. Una vez que ingrese tal información, aparecerá en la pantalla una notificación de entrevista emitida por el sistema InfoPass. Imprímala y llévela a la cita.

Obtener una cita es fácil, pero de todos modos tendrá que entrevistarse cara a cara con un funcionario de inmigración. Es necesario prepararse debidamente.

> No deje de prepararse debidamente para la cita en el USCIS.

Lleve la notificación de entrevista y toda la documentación que se indica en dicha notificación. Lleve consigo un carnet de identidad emitido por autoridades gubernamentales, pasaporte, licencia de conducir u otros documentos de identidad. Lleve también su I-94, su *Tarjeta de autorización de trabajo o su tarjeta de residente*, y todos los demás documentos que usted cree que puedan contribuir a resolver su caso. Planifique los objetivos que desea lograr en la entrevista y concéntrese para alcanzarlos.

InfoPass no es para todos ni para toda ocasión. En general, si usted puede lograr sus propósitos sin una entrevista personal con un funcionario de inmigración, seguramente será mejor no concertar una cita. Las entrevistas cara a cara siempre pueden dar lugar a preguntas, problemas o malentendidos que no surgirían en un mensaje escrito conciso y directo. Si solamente le hacen falta formularios, recurra al sitio Web del USCIS o remita un pedido en línea. También pueden utilizarse el sistema de solicitudes electrónicas, para llenar y remitir los formularios más utilizados directamente al USCIS, a fin de que éste responda cuanto antes. De tal manera se evita la entrevista personal—a menos que el USCIS le solicite que comparezca para una entrevista.

> *Si no le hace falta una entrevista personal—no utilice InfoPass.*

Capítulo 3

Visas para Visitantes

Las visas más solicitadas son aquellas que permiten a un extranjero trasladarse a EE.UU. durante un período de tiempo limitado en viaje de negocios o de placer. Las visas de visitante son adecuadas para los extranjeros que deseen viajar a EE.UU. para hacer turismo, visitar familiares, asistir a cursos o seminarios, someterse a tratamiento médico o, incluso, hacer negocios. Sin embargo, los extranjeros que ingresen a Estados Unidos con una visa de visitante, deben tener en cuenta las normas y limitaciones que se aplican a este tipo de visas. Por ejemplo, los extranjeros que se amparan en una visa de visitante no pueden trabajar ni inscribirse en un centro de enseñanza en calidad de estudiantes.

ESTUDIO DE CASO

Carlos es un chico Argentino de 15 años de edad. Sus tíos y primos viven en EE.UU.

Aunque se comunica frecuentemente con su familia por correo electrónico y por teléfono, no ha visto a sus familiares "norteamericanos" durante varios años. Están por comenzar las vacaciones de verano de Carlos y sus tíos lo han invitado a pasar un par de meses con ellos en EE.UU.

Es muy posible que Carlos tenga derecho a obtener una visa de visitante B-2, porque sus padres han solicitado la visa en su nombre y proporcionaron documentos a fin de establecer que el chico ha sido invitado por sus familiares, quienes pueden demostrar que se harán responsables de cubrir los gastos de su estadía mientras permanezca en Estados Unidos. Por otra parte, los familiares directos de Carlos se quedarán en Argentina (lo cual constituye un gran incentivo para que el joven regrese después de sus vacaciones) y sus padres suministraron una constancia de que Carlos cuenta con un pasaje de ida a Estados Unidos y regreso a Argentina, un itinerario y dinero para gastos.

Visa B-2, para Viajes de Placer

La gente visita Estados Unidos por diversos motivos. El tipo de visa al que el ciudadano extranjero pueda tener derecho depende de la razón por la cual desea viajar.

Uno de los motivos más comunes que declaran los extranjeros que se trasladan a EE.UU. es, sencillamente, hacer turismo. Todos los años millones de extranjeros visitan Estados Unidos para pasar sus vacaciones, visitar a parientes y recorrer las diversas atracciones turísticas. La mayor parte de los extranjeros que desean viajar a EE.UU. por placer deben solicitar una visa B-2.

La visa B-2 es una visa de no inmigrante para visitantes. Quienes se desplazan a EE.UU. para hacer turismo, visitar familiares o amigos, para recibir tratamiento médico o hacer negocios, tendrán que obtener una visa de visitante. Este tipo de visa se emite ya sea como una sola entrada para una sola visita o como múltiples entradas para cubrir varias visitas durante un período máximo de diez años. Por otra parte, se le permite al titular una estadía máxima de seis meses. Una vez en Estados Unidos, el visitante puede solicitar una pró-rroga (extensión) por un máximo de seis meses más, debiendo tal solicitud ser aprobada por el USCIS. Dichas solicitudes, además, requieren que se presente constancia creíble de la necesidad de la extensión y una fecha definida para la partida, y del mantenimiento de vínculos entre el solicitante y su país de origen.

¿Quiénes Tienen Derecho a Obtener esta Visa?

Existen tres requisitos fundamentales para aspirar a una visa B-2.

1. El ciudadano extranjero debe tener intenciones de per-manecer en EE.UU. sólo por un breve período de tiempo y, generalmente, con el fin de hacer turismo, visitar familiares, someterse a tratamiento médico o asistir a cursos o seminarios.

2. El titular de una visa B-2 no está autorizado a trabajar.
3. El titular de una visa B-2 no está autorizado a inscribirse en centros de enseñanza de EE.UU. en calidad de estudiante.

Cómo Solicitar esta Visa

El ciudadano extranjero deberá llenar el Formulario DS-156, *Solicitud de visa de no inmigrante,* en el consulado de EE.UU. situado en su país de origen, donde el funcionario consular examinará la solicitud y los documentos acreditativos. Si se reúnen todos los requisitos, el funcionario consular emitirá la visa y le pondrá el correspondiente sello en el pasaporte.

Actividades Autorizadas

Generalmente, un visitante que haya entrado en EE.UU. con una visa B-2, viaja por vacaciones o para visitar amigos o parientes. Sin embargo, la visa B-2 permite una gama bastante amplia de actividades, más allá de visitar las atracciones turísticas de EE.UU.

Los titulares de la visa B-2 pueden desempeñar, entre otras, las siguientes actividades:

- participar en convenciones, congresos, conferencias o convocatorias de organizaciones fraternales o sociales;
- visitar universidades o colegios/escuelas universitarios(as) en los cuales tenga interés en inscribirse;
- tomar parte (sin recibir remuneración alguna) en eventos o concursos de carácter amateur relacionados con las artes o el mundo del espectáculo;
- asistir a cursos o seminarios cortos;

- someterse a tratamiento médico; o,
- acompañar a un familiar que viaje a EE.UU. en usufructo de otra visa temporaria.

La visa B-2 se puede utilizar también con otros propósitos menos comunes pero no menos correctos, tales como conocer a la familia del novio (o de la novia); comprometerse para futuro matrimonio; efectuar arreglos para un futuro matrimonio, o desplazarse a EE.UU. para casarse, con la intención de establecer su residencia en otro país después de poco tiempo de casados.

Actividades No Autorizadas

La regla más importante que debe recordarse respecto a la visa de visitante B-2 consiste en recordar cuales son las actividades en las cuales uno no debe participar. Por ejemplo, los extranjeros que se trasladen a EE.UU. con una visa de visitante no están autorizados a trabajar ni a cursar estudios en centros de enseñanza.

NOTA: Dado que el procedimiento para obtener una visa B-2 tiene menos limitaciones que los procedimientos para conseguir visas que permiten trabajar, a menudo los solicitantes y empresas caen en la "tentación" de utilizar la visa B-2 para que el ciudadano extranjero ingrese en EE.UU. y después solicite el cambio de condición migratoria para poder trabajar o estudiar. Al respecto debe quedar claro que la obtención de una visa B-2 con tales propósitos se considera un fraude, porque en estos casos el solicitante estaría ocultando los verdaderos motivos de su viaje a EE.UU.

Intenciones de Viajar Como No Inmigrante

Un extranjero que se traslade a EE.UU. con una visa de no inmigrante deberá tener intenciones de permanecer en el país solamente durante un período de tiempo breve y sólo participar en aquellas actividades autorizadas por la categoría B-2. El requisito de que el extranjero tenga intenciones legítimas (bona fide) de cumplir los requisitos propios de un no inmigrante es sumamente importante y debe demostrarse. A numerosos solicitantes de visas del mundo entero se les han denegado visas porque, a pesar de presentar constancia de cumplir otros requisitos para obtener la visa, no pudieron demostrar fehacientemente sus intenciones de permanecer en EE.UU. sólo en calidad de no inmigrantes.

La ley supone que todo extranjero que solicita una visa de visitante tiene intenciones de trasladarse a EE.UU. para convertirse en inmigrante. En otras palabras, la ley considera (hasta que no se demuestre lo contrario) que todos los solicitantes de visas de visitante tienen intenciones de ingresar a EE.UU. y, sencillamente, quedarse a vivir en el país. Todo solicitante deberá superar esta barrera añadiendo a su solicitud suficientes documentos en los que se demuestre que no intenta quedarse en Estados Unidos. Si el solicitante no puede contrarrestar la presunción de la ley, es muy posible que no le otorguen la visa. Para obtener la visa B-2 se deberá demostrar que las intenciones del solicitante son correctas haciendo constar que:

> *La ley considera que todos los extranjeros que visitan EE.UU. intentan convertirse en inmigrantes.*

- El solicitante tiene su residencia en su país de origen y no tiene intenciones de abandonarlo.
- El solicitante puede demostrar que viaja a Estados Unidos para hacer turismo (adjuntando como constancia un itinerario detallado).
- El solicitante tiene intenciones de permanecer en EE.UU. durante un breve período de tiempo (adjuntando como constancia un pasaje aéreo de regreso).
- El solicitante posee los recursos económicos necesarios para costear el viaje de ida y regreso a EE.UU., y los desplazamientos dentro del país durante su estadía.
- El solicitante cuenta con un buen empleo en su país de origen y no tiene intenciones de abandonarlo.
- El solicitante posee vínculos familiares significativos en su país de origen y no piensa abandonarlos.

La cantidad y el tipo de los documentos de constancia que se requieren suelen variar, dependiendo de la nacionalidad del solicitante. A los ciudadanos de una nación cuyas solicitudes de visa para EE.UU. raramente son rechazadas y que en su mayoría cumplen las normas respecto a visas, no se les requiere presentar tantos documentos como a los solicitantes de países cuyos ciudadanos suelen quedarse en EE.UU. después del vencimiento de la visa. Debe añadirse, además, que los ciudadanos de algunos países tendrán más dificultades en convencer a los funcionarios, especialmente si son jóvenes, solteros y poseen estudios universitarios.

> *Es posible que la cantidad de documentos que se utilicen como constancia dependa del país de procedencia del solicitante.*

NOTA: Incluso si el solicitante de la visa puede demostrar constancia de que cumple algunas o todas las condiciones arriba mencionadas, es posible que no le otorguen la visa. Suele ocurrir que el funcionario consular no tenga el tiempo ni el deseo de examinar la documentación presentada. Lo mejor que puede hacer el solicitante es presentarse preparado para explicar sus circunstancias al funcionario que lo entrevista, con argumentos sólidos que demuestren por qué estaría obligado a regresar a su país de origen.

RECUERDE: Si solicita la visa B-2 a fin de visitar EE.UU. para hacer averiguaciones sobre universidades en las que le interesaría cursar estudios o asistir a cursos breves, recreativos o educativos, tendrá que plantear dicha intención al solicitar la visa, de manera que el funcionario pueda añadir una anotación especial en su visa como "posible estudiante" o "Estudios no reglamentados durante la visita: no se requiere I-20." Este aspecto es importante para evitar futuros problemas y que el USCIS no pueda argumentar que su verdadera intención no era turismo sino quedarse en calidad de estudiante.

Requisitos Generales

Generalmente, la duración de la visa B-2 es bastante breve. Aunque el titular tenga derecho a una prórroga del período original, el propósito de la visa consiste en una estadía breve y temporal en EE.UU. Sin embargo, es posible, inicialmente, obtener admisión durante un período de un año, y, posteriormente, solicitar extensiones de seis meses cada una.

El Departamento de Estado de Estados Unidos (DOS, por sus siglas en inglés) especifica varios requisitos generales necesarios para la emisión de una visa B-2, incluidos, entre otros, los siguientes.

- El extranjero solicitante deberá demostrar que ingresará a EE.UU. para permanecer solamente un período de tiempo limitado.
- El extranjero solicitante deberá demostrar que tiene intenciones de abandonar EE.UU. al concluir su estadía autorizada.
- El extranjero solicitante deberá demostrar que mantendrá su residencia fuera de EE.UU. y que no tiene intenciones de abandonarla.
- El extranjero solicitante deberá demostrar que tiene los medios económicos necesarios para costear los gastos del viaje (pasajes de avión, alojamiento, comidas, etc.).
- El extranjero solicitante deberá demostrar que solamente se dedicará a las actividades de turismo y a ningún otro tipo de actividades (convertirse en inmigrante).

Los trámites para obtener la visa B-2 no son demasiado complejos. El ciudadano extranjero deberá presentar varias solicitudes y documentos de constancia en una oficina consular situada fuera de EE.UU. El juego de materiales de solicitud consiste en el Formulario DS-156 (y los suplementos correspondientes), el pasaporte y fotografía del solicitante, pago de tasas y todo documento en el que quede constancia de la elegibilidad del solicitante para obtener la visa.

NOTA: Por razones de seguridad, todos los extranjeros de sexo masculino (independientemente de su nacionalidad) con edades comprendidas entre los 16 y los 45 años que solicitan visas de no inmigrante, deberán también llenar y remitir el Formulario DS-157 además del Formulario DS-156. Asimismo, los hombres, y mujeres de cualquier edad titulares de pasaportes o documentos de viaje de China, Cuba, Irán, Irak, Libia, Rusia, Somalia, Sudán, y Vietnam, también deberán llenar el Formulario DS-157. Por último, los funcionarios consulares tienen la autoridad para exigirle al solicitante que llene el Formulario DS-157. Por motivos de seguridad nacional, el Departamento de Estado utiliza este formulario para recabar información adicional de los ciudadanos de determinados países que viajen a EE.UU.

El solicitante deberá, además, presentar el juego de materiales de solicitud de conformidad con los requisitos y las reglas del consulado en el cual efectúe los trámites. Es posible que se le requiera que lleve personalmente el juego de materiales de solicitud o que lo remita por correo, servicio de mensajería, etc. Una vez remitido dicho juego de materiales, un funcionario consular examinará los formularios y la documentación que los avala, a fin de determinar si el solicitante tiene derecho a recibir la visa.

La siguiente etapa consiste en que al solicitante se lo cite a una entrevista con el funcionario consular. Prácticamente todo extranjero que solicite una visa para visitante participa en una entrevista cara a cara con un funcionario consular. Como medida de seguridad adicional, el funcionario consular también efectuará un chequeo de seguridad respecto al solicitante, a fin de detectar si tiene antecedentes penales que impidan que se le conceda una visa.

Por último, el solicitante deberá esperar que le aprueben la solicitud de visa. Aunque en otras épocas era posible lograr que le aprobaran y emitieran la visa en tan sólo unos días, en la actualidad tal cosa no es frecuente, a menos que las averiguaciones relacionadas con la seguridad hayan concluido antes de que tenga lugar la entrevista. Si el funcionario consular considera que hacen falta más documentos de constancia, o que se requiere otra entrevista, el solicitante tendrá que regresar al consulado o remitir la documentación exigida.

NOTA: Una característica específica de la visa B-2 es que el ciudadano extranjero la solicita directamente al consulado de EE.UU. en su país de origen. No hace falta la aprobación previa del USCIS.

Visa B-1, para Viajes de Negocios

Aunque la visa B-1 no es válida para trabajar en EE.UU., el titular puede tomar parte en ciertas actividades que requieren trabajo. La visa B-1 es la que solicitan generalmente los viajeros que visitan EE.UU. para realizar actividades empresariales (negocios) durante un breve período de tiempo.

¿Quiénes Tienen Derecho a Obtener esta Visa?

Para obtener la visa B-1 es necesario cumplir tres requisitos básicos: el titular no puede trabajar (ni como empleado a sueldo ni como trabajador independiente o por cuenta propia); su actividad empresarial deberá estar relacionada con la industria o el comercio internacional, y el receptor principal de los beneficios que reporte la actividad deberá ser el propio visitante o una empresa situada fuera de EE.UU.

Cómo Solicitar esta Visa

El ciudadano extranjero deberá presentar el Formulario DS-156, *Solicitud de visa de no inmigrante*, en el consulado de EE.UU. situado en su país de origen, donde el funcionario consular examina la solicitud y los documentos de constancia. Si se reúnen todos los requisitos, el funcionario consular emitirá la visa y le pondrá el correspondiente sello en el pasaporte.

Actividades Autorizadas

A pesar de que la visa B-1 no permite que el titular trabaje en EE.UU., existen numerosas actividades que requieren la realización de cierto trabajo sin infringir las normas relacionadas con la visa B-1. Es más, a los titulares de la visa B-1 se les permite participar en ciertas actividades por las cuales pueden recibir remuneración. Sin embargo, al igual que ocurre respecto a la visa B-2. así como se autorizan ciertas actividades bajo la visa B-1, también hay actividades que no están permitidas.

Los titulares de la visa B-1 pueden desempeñar, entre otras, las siguientes actividades:

- asistencia a reuniones de negocios, exposiciones, y conferencias;
- participación en reuniones para formalizar contratos y promover negocios;
- realización de una investigación independiente;
- participación en demandas judiciales;

- capacitación durante un plazo breve;
- adquisición de bienes, componentes o materias primas que se utilizarán fuera de EE.UU.; y,
- consultas con clientes y proveedores.

NOTA: Los extranjeros que viajan a EE.UU. por negocios con una visa B-1 pueden también hacer turismo sin infringir su condición migratoria, sin tener que solicitar una visa B-2 por separado.

Un extranjero que se desplace a EE.UU. para pronunciar un discurso o conferencia puede recibir un reembolso de gastos y honorarios reducidos. Sin embargo, se suscitarían sospechas si se permanece en el país durante un período demasiado extenso (más de un par de meses, por ejemplo) o si la cuantía de los honorarios es demasiado elevada.

Algunos titulares de la visa B-1 pueden recibir dinero en el desempeño de actividades autorizadas.

Se permite recibir pago de honorarios y reembolso por gastos de viaje en concepto de actividades académicas normales, siempre que dicha actividad reporte beneficios a la institución académica y que se extienda un máximo de nueve días en una misma institución. Al visitante titular de una visa B-1 se le permite recibir honorarios de un máximo de cinco instituciones dentro de un período de seis meses.

RECUERDE: Las personas que ingresen en EE.UU. con el propósito de dedicarse a una actividad académica como dar discursos o conferencias, deberán contar con una carta de invitación emitida por la institución académica.

No se permite que el titular de la visa B-1 trabaje en EE.UU. en el curso de su estadía. Por encargarse de negocios durante su permanencia en EE.UU., el titular de la visa B-1 podrá recibir pagos emitidos por la empresa extranjera para la que trabaje, pero no podrá recibir pagos emitidos por una empresa de Estados Unidos. En otras palabras, además de recibir su sueldo de fuera de EE.UU., el titular deberá abstenerse de realizar trabajo sustancial o productivo durante su estadía en EE.UU.

> **RECUERDE:** Los visitantes en viaje de negocios deberán abstenerse de formar una nueva empresa, abrir una cuenta bancaria o adquirir seguros de vida durante su permanencia en EE.UU. bajo una visa B-1. Aunque existen maneras absolutamente legítimas de realizar tales actividades, no es correcto recurrir a la visa B-1 para tales propósitos.

Intenciones de Viajar Como No Inmigrante

Al igual que en el caso de la visa B-2, la presunción legal es que todo solicitante de visa tiene intenciones de convertirse en inmigrante. De la misma manera, el titular de la visa B-1 deberá efectuar un esfuerzo sincero para convencer al funcionario de lo contrario.

Además de las condiciones indicadas previamente para que los solicitantes de visa B-2 contrarresten las sospechas de que tengan intenciones de convertirse en inmigrantes, los solicitantes de la visa B-1 deberán presentar otros documentos específicos para esta modalidad de visa.

En el caso de un extranjero que viaje a EE.UU. en representación de una compañía relativamente conocida en EE.UU., se recomienda presentar una carta de la compañía en la que se expliquen los motivos del viaje. En dicha carta deberán constar al menos estos cuatro elementos:

1. fechas concretas en las cuales se efectuarán las transacciones o los negocios;
2. motivo del viaje de negocios;
3. detalles sobre el viaje, incluido un itinerario; y,
4. constancia de la compañía extranjera, en la que se estipule que ellos cubrirán los gastos de viaje y gastos varios del empleado que visita EE.UU.

NOTA: Aunque la visa B-1 pueda emitirse con una validez de varios meses, se deberá solicitar solamente el tiempo necesario para cumplir las gestiones de negocios programadas. Por ejemplo, si el extranjero viaja a EE.UU. para concluir negociaciones contractuales que durarán sólo dos días, no deberá solicitar una visa para dos meses.

En caso de que el ciudadano extranjero se traslade a EE.UU. en representación de una empresa pequeña y desconocida (en EE.UU.), o si trabaja por cuenta propia, es menester que presente constancia sólidamente demostrada de sus intenciones de viajar como no inmigrante. Entre los documentos en los que consten tales intenciones pueden presentarse pruebas de que el solicitante de la visa ha pagado por adelantado la mayor parte de su viaje; constancia específica de sus planes de viaje y documentos que demuestren las razones del viaje, además de constancia de que cuenta con trabajo permanente o vínculos empresariales en su país de origen.

Mexicanos en Viaje de Negocios Bajo el Tratado NAFTA

El 1 de enero de 1994, entró en vigencia el *Tratado de Libre Comercio de América del Norte* (NAFTA, por sus siglas en inglés). El NAFTA contiene una serie de disposiciones relacionadas con los mexicanos y canadienses que ejercen actividades empresariales y pueden ingresar en EE.UU. bajo la visa de no inmigrante B-1. Debido a la cercanía de la frontera con EE.UU., los mexicanos y canadienses que realizan actividades de negocios tienen menos limitaciones en lo que se refiere a algunas de las actividades que se permiten bajo la visa B-1.

A efectos de facilitar la continua actividad fronteriza en la frontera entre México y Estados Unidos, los mexicanos pueden obtener una *tarjeta de cruce fronterizo*. Esta tarjeta permite al titular ingresar en EE.UU. como procedimiento de rutina pero temporalmente. Los ciudadanos mexicanos pueden desarrollar numerosas actividades de negocios relacionadas con la industria o el comercio internacional.

> *Los ciudadanos de México pueden entrar en EE.UU. con su tarjeta de cruce fronterizo (border crossing card).*

RECUERDE: Todo ciudadano mexicano que ingrese temporalmente en EE.UU. para realizar negocios, siempre deberá mencionar que entra en el país amparado por las disposiciones del NAFTA. De esta manera se facilita bastante el ingreso en la frontera.

En términos generales, los mexicanos que ingresen en EE.UU. en ejercicio de actividades empresariales compatibles con la visa B-1, deberán seguir los mismos procedimientos aplicables a los mexicanos que desempeñaban tales actividades antes de la entrada en vigor del NAFTA. En otras palabras, tendrán que solicitar la visa B-1 en el correspondiente consulado de EE.UU.

Sin embargo, si la persona que realiza las actividades empresariales posee una tarjeta de cruce fronterizo, no necesita obtener la visa B-1. Esta tarjeta puede estamparse, en forma de sello, en el pasaporte de los ciudadanos mexicanos. De lo contrario, el ciudadano mexicano deberá llevar consigo el pasaporte para ingresar desde un país situado fuera del hemisferio occidental. Para el ciudadano mexicano cuya tarjeta de cruce fronterizo aparezca como un sello en su pasaporte, basta con presentar el pasaporte al funcionario consular a cargo del puesto de entrada al país.

El NAFTA ofrece una amplia lista de actividades autorizadas a los visitantes que ejercen actividades empresariales:

- *investigación y diseño;*
- *supervisión de un grupo de trabajadores agrícolas que participan en la recolección de una cosecha;*
- *adquisición y gerencia de producción en el cumplimiento de transacciones comerciales;*
- *realización de investigación independiente;*
- *transporte de mercancías o pasajeros a EE.UU.;*
- *servicio post-venta tras la firma de un contrato;*
- *servicios financieros en el desempeño de transacciones comerciales; y,*
- *asistencia a convenciones o conducción de excursiones en calidad de personal encargado de actividades de turismo.*

NOTA: La única versión de la tarjeta de cruce fronterizo que se emite a los ciudadanos mexicanos es la DSP-150. A quienes cuenten con esta tarjeta no le hacen falta otros documentos para ser admitidos en EE.UU. Los ciudadanos mexicanos pueden solicitar la citada tarjeta llenando el Formulario DS-156 en cualquier oficina que emita visas para EE.UU. dentro de México. Entre los documentos que se deberán adjuntar a la solicitud se deberán incluir los siguientes:

constancia de ciudadanía mexicana y residencia en México; una fotografía para pasaporte; pasaporte (federal) mexicano válido y huellas dactilares (digitalizadas) de ambos dedos índices del solicitante.

Los ciudadanos mexicanos que efectúen actividades empresariales serán admitidos durante un período máximo de un año. Los ciudadanos de esta nacionalidad también tienen la posibilidad de participar en programas de ingreso automático que funcionan en diversos puntos de entrada a lo largo de la frontera entre México y Estados Unidos. Estos programas tienen como fin agilizar el procedimiento de inspección en las fronteras terrestres.

Visas para Someterse a Tratamiento Médico

ESTUDIO DE CASO

Tomás L., de Ecuador, es el principal sostén económico de su familia y como tal es responsable de mantener a su esposa e hijos. Por añadidura, Tomás se hace cargo de la manutención de sus padres (ancianos) y sus hermanos menores. De más está decir que Tomás trabaja muchísimo. Sin embargo, en el curso de tres semanas seguidas, no pudo trabajar por encontrarse enfermo. Desde el punto de vista económico, este repentino bio de circunstancias ha sido devastador para la familia de Tomás.

Mucho más alarmante aún es que el médico que ha estado atendiéndolo le manifestó que su enfermedad es bastante grave y que es muy poco probable que en Ecuador puedan brindarle la atención médica adecuada. Aunque Tomás no tenía deseos ni intenciones de viajar a EE.UU., podría tener derecho a obtener una visa que le permita trasladarse a EE.UU. para someterse a tratamiento médico.

En términos oficiales no existe ningún tipo de visa para tratamiento médico. No obstante, la visa de visitante B-2 permite la entrada en EE.UU. de aquellos ciudadanos extranjeros que acuden a este país para recibir atención médica. Dado que no existe una visa específica para tratamiento médico, todos los extranjeros que se encuentren en tal situación deberán cumplir todos los requisitos usuales para obtener la visa B-2. El extranjero que procura someterse a tratamiento médico en EE.UU., deberá también proporcionar la información y documentación adicionales que avalen su solicitud.

> *El extranjero debe proporcionar la explicación donde conste por qué necesita viajar a EE.UU. para someterse a tratamiento médico.*

El ciudadano extranjero deberá, asimismo, estar dispuesto a presentar una carta de un médico de su país de origen en la que se indique, detalladamente, su enfermedad, el tratamiento que se planea obtener y el tiempo que llevará el tratamiento (incluida la recuperación).

> El ciudadano extranjero deberá suministrar información sobre la institución médica o entidad afín en EE.UU.

A fin de tener derecho a viajar a EE.UU. para someterse a tratamiento médico, el ciudadano extranjero deberá presentar la información y documentación en la cual conste que no es posible obtener el tratamiento necesario en su país de origen. Se deberá también proporcionar la información y documentación necesaria en la que conste que la institución médica de EE.UU. tiene alguna esperanza de proporcionarle la cura para su problema de salud.

> El ciudadano extranjero deberá proporcionar información detallada sobre sus recursos para pagar el tratamiento.

El ciudadano extranjero deberá estar preparado para presentar una carta de la entidad que le ofrece tratamiento en EE.UU., en la que se indique que ha sido aceptado para someterse a tratamiento y que tiene una cita con el correspondiente médico o en las correspondientes instalaciones. Este documento deberá mencionar el tipo de tratamiento requerido, la duración del tratamiento y un presupuesto aproximado del importe del tratamiento.

El ciudadano extranjero que desee trasladarse a EE.UU. para recibir tratamiento médico deberá presentar constancia sustancial de sus recursos para cubrir los gastos del tratamiento y otros asuntos relacionados con el viaje (pasajes de avión, medicamentos, tratamiento ambulatorio, alojamiento, comidas, etc.). De la misma manera, si un familiar se ofrece para cubrir los gastos médicos, esa persona deberá presentar constancia de que posee recursos económicos suficientes para solventar dicho importe, mediante una *Declaración*

Jurada de Respaldo Económico (Affidavit of Support), Formulario I-134.

Además de que se presente constancia de que un familiar posee los recursos para pagar el tratamiento, al consulado le interesa que dicho familiar tenga intenciones sinceras de cumplir tal obligación. Por consiguiente, sólo se aceptan ofrecimientos de familiares cercanos (es poco probable que el funcionario consular acepte ofrecimientos similares de parientes lejanos).

NOTA: Al Departamento de Estado le preocupan aquellos casos en los cuales un médico de EE.UU. remite una carta al solicitante indicándole que está dispuesto a examinarlo gratuitamente, como paciente. Posteriormente, el ciudadano extranjero obtiene la visa, viaja a EE.UU., donde el médico lo diagnostica y lo remite a un hospital en el cual le brindarán tratamiento. En estos casos, la ley exige que el hospital le proporcione tratamiento al ciudadano extranjero, generalmente sin reembolso alguno.

RECUERDE: Si el ciudadano extranjero desea auxiliar a un familiar que viva en EE.UU., por motivos de salud (mediante la donación de un riñón, por ejemplo), deberá presentar la documentación médica de su propio país y de EE.UU., donde conste que él (o ella) reúne las condiciones necesarias como donante y que todos los exámenes y chequeos de compatibilidad han sido efectuados previamente.

Capítulo 4

Visas por Vínculos Familiares

A menudo, llevar a un familiar a EE.UU. y después confiar en que éste llevara a otros parientes ha sido parte del sueño del inmigrante. Por tal motivo, un gran porcentaje de las solicitudes de visas que se solicitan se basa en los vínculos familiares (visas para padres, hijos, cónyuges y hermanos). Sin embargo, no todos los vínculos familiares son suficientes para una petición de visa. Por ejemplo, los familiares que residen en EE.UU. no pueden efectuar peticiones en favor de sus tíos o primos.

ESTUDIO DE CASO

María, de Brasil, acaba de leer una carta y está muy entusiasmada. Su hermano que vive en Estados Unidos, le comunica que le han aprobado su tarjeta de residente. Aunque María sabe que la espera será muy larga, le emociona saber que, por fin, ella y sus padres tendrán

> *oportunidad de irse a vivir a EE.UU. Si sigue las debidas normas y reglamentos, a su debido tiempo, el hermano de María podrá llevar a EE.UU. a su hermana, su padre y su madre.*

Familiares Directos

Las personas comprendidas en la categoría de familiares directos de ciudadanos de EE.UU., generalmente están en la mejor situación posible para obtener la pronta aprobación del trámite para viajar a EE.UU. y unirse a sus familiares. Esto se debe a que no se impone un límite anual en cuanto a la cantidad de familiares directos de ciudadanos de EE.UU. que puedan trasladarse a EE.UU. No obstante, sólo ciertas personas se reconocen oficialmente como familiares cercanos. Entre ellas se incluyen las siguientes:

- el(la) cónyuge de un ciudadano de EE.UU.;
- los hijos (o hijas), no casados y menores de 21 años de edad, de un ciudadano de EE.UU.; y,
- los padres de un ciudadano de EE.UU. (si el ciudadano de EE.UU. tiene más de 21 años de edad).

Cónyuge de un Ciudadano de EE.UU.

Contraer enlace con un ciudadano de EE.UU. es bastante común. El mundo se hace cada vez más pequeño, la gente viaja más y conoce a gente de otros países. Aunque el gobierno de EE.UU. no impone restricciones respecto al origen de las personas con las cuales pueden casarse los ciudadanos de EE.UU., sí impone limitaciones respecto a quiénes pueden entrar en EE.UU. para reunirse con sus cónyuges.

Para tal fin, el USCIS ha dedicado mucho tiempo y energía al empeño de detectar los matrimonios fraudulentos, aquellos casos en los que la gente contrae enlace con el único propósito de que el cónyuge extranjero obtenga una condición migratoria favorable. Generalmente, a los cónyuges de ciudadanos estadounidenses se los investiga más exhaustivamente que a los demás familiares.

Hijos de Ciudadanos de EE.UU.

Según las leyes de inmigración, la definición de hijo (o hija) no es igual que la definición legal corriente (debe *entenderse que en este contexto, la palabra child en* inglés significa hijo o hija). Respecto a casos de inmigración, se define como hijo, al hijo (o hija) no casado(a) y menor de 21 años de edad. Es importante indicar que no todos los vínculos familiares son suficientes para avalar una petición de visa. Por ejemplo, los familiares que vivan en EE.UU. no podrán efectuar peticiones en favor de los tíos o primos que deseen viajar a dicho país. Por otra parte, ciertos tipos de parentesco son suficientes para justificar ese tipo de peticiones. Por ejemplo, algunos familiares que vivan en EE.UU. pueden efectuar una petición en favor de hijos adoptivos e hijastros.

Padres de un Ciudadano de EE.UU.

Los padres de un ciudadano de EE.UU. también se consideran familiares directos y son elegibles para establecerse como inmigrantes en EE.UU., solamente si el ciudadano de EE.UU. peticionante es mayor de 21 años de edad. Por otra parte, el ciudadano de EE.UU. deberá cumplir la definición de *hijo* o *hija*, según consta en las leyes de inmigración.

Si usted cumple la definición de familiar directo puede efectuar peticiones para el otorgamiento de varios tipos de visa.

Visa IR-1, para Cónyuges

Una de las opciones de visas basadas en vínculos familiares es la visa IR-1, para cónyuges de ciudadanos de EE.UU. Los ciudadanos extranjeros comprendidos en esta categoría pueden solicitar una visa. Las peticiones para llevar a EE.UU. a un familiar directo se tramitan más rápido que los demás tipos de peticiones porque no están sujetos a limitación numérica.

¿Quiénes Pueden Solicitar esta Visa?

Solamente los cónyuges de ciudadanos de EE.UU. pueden solicitar una visa IR-1.

Cómo Efectuar la Solicitud

El ciudadano de EE.UU. que sea esposo o esposa del ciudadano extranjero deberá, en primer lugar, presentar al USCIS el Formulario I-130, *Petición para un familiar extranjero*, el Formulario G-325, *Información biográfica*, y el Formulario I-864, *Declaración Jurada de Respaldo Económico (Affidavit of Support)*. El cónyuge extranjero tendrá que someterse a un examen médico efectuado por un médico aprobado por el USCIS. Una vez aprobada la petición, el USCIS le emitirá el Formulario I-797, *Notificación de aprobación*, al ciudadano de EE.UU. que efectúa la petición. Posteriormente, el cónyuge llenará el Formulario DS-230, *Solicitud de visa de inmigrante y registro de extranjero*, y lo presentará ante el consulado de EE.UU. en su país de origen. El funcionario consular examinará el formulario y todos los documentos que lo avalan, y lo citará para una entrevista personal. Si se reúnen todos los requisitos, el consulado de EE.UU. emitirá la visa y pondrá el correspondiente sello en el pasaporte del cónyuge extranjero, quien podrá, a partir de entonces, viajar a EE.UU. para reunirse con su cónyuge estadounidense.

Visa IR-2, para Hijos no Casados de Ciudadanos de EE.UU., Menores de 21 Años de Edad

Las leyes de inmigración establecen una diferencia en la categoría de hijos de ciudadanos de EE.UU. Si un hijo (o hija) de un ciudadano de EE.UU. no está casado(a) y es menor de 21 años de edad, se le considera *hijo dependiente* de dicho ciudadano. Sin embargo, si el hijo (o hija) de un ciudadano de EE.UU. está casado y/o es mayor de 21 años de edad, se le considera, simplemente *hijo* o *hija* de dicho ciudadano. Aunque esta distinción parece bastante sencilla, a efectos de obtener una visa, los hijos dependientes de ciudadanos de EE.UU. se encuentran en una categoría distinta que un hijo o una hija mayores de 21 años de edad. Los hijos dependientes se consideran familiares directos y, como tales, no están sujetos a una cantidad límite en cuanto a las visas que pueden emitirse a una persona incluida en esta categoría.

¿Quiénes Pueden Solicitar esta Visa?

Sólo los hijos dependientes de un ciudadano de EE.UU. tienen derecho a obtener la visa IR-2.

Cómo Solicitarla

El padre que es ciudadano de EE.UU. deberá llenar el Formulario I-130, *Petición para un familiar extranjero*, el Formulario G-325, *Información biográfica*, y el Formulario I-864, *Declaración Jurada de Respaldo Económico*. El hijo dependiente extranjero tendrá que someterse a un examen médico a cargo de un médico aprobado por el USCIS. Una vez aprobada la petición, el USCIS le emitirá el Formulario I-797, *Notificación de aprobación*, al ciudadano de EE.UU. que efectúa la petición. El hijo dependiente deberá llenar el Formulario DS-230, Solicitud de visa de inmigrante y registro de extranjero, y presentarlo ante el consulado de EE.UU. en su país de origen. El funcionario consular examinará el formulario y todos los documentos que lo avalan, y lo citará para una entrevista personal. Si se reúnen todos los requisitos, el consulado de EE.UU. emitirá la visa y pondrá el correspondiente sello en el pasaporte del hijo dependiente extranjero, quien podrá, a partir de entonces, viajar a EE.UU. para reunirse con su padre o madre estadounidense.

Visa IR-5, para Padres de Ciudadanos de EE.UU.

Los ciudadanos de EE.UU. adultos pueden también solicitar una visa para que sus padres extranjeros viajen a EE.UU. El ciudadano de EE.UU. que presente la petición deberá avalarla con documentos en los que se demuestre el parentesco entre él (o ella) y sus padres.

¿Quiénes Pueden Solicitar esta Visa?

Sólo el padre o madre de un ciudadano de EE.UU. adulto puede solicitar la visa IR-5.

Cómo Solicitarla

El hijo (o la hija) del ciudadano de EE.UU. deberá, en primer lugar, llenar y presentar ante el USCIS el Formulario I-130, *Petición para un familiar extranjero*, el Formulario G-325, *Información biográfica*, y el Formulario I-864, *Declaración Jurada de Respaldo Económico*. Los padres del extranjero deberán, también, someterse a un examen médico efectuado por un médico aprobado por el USCIS. Una vez aprobada la petición, el USCIS remitirá el Formulario I-797, *Notificación de aprobación*, al padre del peticionario estadounidense. El padre o la madre deberán llenar el Formulario DS-230, *Solicitud de visa de inmigrante y registro de extranjero*, y presentarlo en el consulado de EE.UU. en su país de origen. El funcionario consular examinará el formulario y los documentos que lo avalan y lo citará a una entrevista personal. Si se reúnen todos los requisitos, el consulado de EE.UU. emitirá la visa, poniendo el correspondiente sello en el pasaporte del ciudadano extranjero, cuyo padre o madre podrá, entonces, viajar a EE.UU. para reunirse con él.

Visa IR-3, para Hijos no Casados de Ciudadanos de EE.UU., Menores de 16 Años de Edad Adoptados en el Exterior

Visa IR-4 para hijos no casados de ciudadanos de EE.UU., menores de 16 años de edad que serán adoptados en EE.UU.

Los ciudadanos de EE.UU. también pueden solicitar una visa para que sus hijos adoptivos (ya sea adoptados en el exterior o en EE.UU.) se trasladen a EE.UU. El ciudadano de EE.UU. peticionante deberá estar preparado para presentar documentos en los que se demuestre el parentesco entre el padre o madre y su(s) hijo(s).

¿Quiénes Pueden Solicitar esta Visa?

La visa IR-3 o la IR-4, sólo puede otorgarse al hijo (o hija) adoptivo(a) de un ciudadano de EE.UU.

Cómo Solicitarla

El padre (o los padres) ciudadanos de EE.UU. (quienes deberán ser mayores de 25 años de edad) deben presentar el Formulario I-600, *Petición para clasificar a un huérfano como familiar directo*. Si todavía no se sabe quién es el hijo (o la hija)—por ejemplo, cuando los padres viajan a un orfanato en el exterior a fin de seleccionar al niño (o a la niña) que desean adoptar—deberán presentar el Formulario I-600A, *Solicitud para agilizar el trámite de clasificación de un huérfano*. Una vez aprobada la petición, el USCIS le emitirá el Formulario I-797, *Notificación de aprobación*, al ciudadano de EE.UU. que efectúa la petición. El padre (o la madre) deberá, entonces, llenar y presentar el Formulario DS-230, *Solicitud de visa de inmigrante y registro de extranjero* en nombre del hijo adoptivo y presentarlo ante el consulado de EE.UU. en el país de origen del hijo adoptivo. El funcionario consular examinará el formulario y los documentos que lo avalan y lo citará a una entrevista personal. Si se reúnen todos los requisitos, el consulado de EE.UU. emitirá la visa, poniendo el correspondiente sello en el pasaporte del hijo adoptivo extranjero, quien a partir de entonces podrá viajar a EE.UU. para reunirse con su padre o madre estadounidense.

Visas que se Otorgan por Orden de Preferencia

Existen también otros tipos de visas que se otorgan a parientes que no son considerados familiares directos. La petición de llevar a un familiar a EE.UU. se tramitará según el tipo de parentesco entre el extranjero y el ciudadano de EE.UU. o residente permanente que efectúa la petición. Asimismo, las visas otorgadas sobre la base de preferencias están sujetas a un número máximo (las leyes de inmigración de EE.UU. sólo permiten que se otorgue cierto número de estas visas por año). Cuando se llega al número límite y las visas se agotan, se inscribe a todos los solicitantes que no consiguieron visas en una lista de espera (para que tengan la posibilidad de obtener una visa al año siguiente). En realidad, la lista de espera para muchas de estas visas se ha extendido hasta el punto de que los solicitantes se ven obligados a esperar varios años hasta que les otorguen la visa.

Visa F1-1, para Hijos o Hijas de un Ciudadano de EE.UU. no Casados(as) y Mayores de 21 Años de Edad

Una de las posibles visas otorgadas en base a vínculos familiares dentro del sistema de preferencias es la visa F1-1, para hijos o hijas de un ciudadano de EE.UU. no casados(as) y mayores de 21 años de edad. El hijo o hija de un ciudadano de EE.UU. es elegible para obtener una visa de primera preferencia.

¿Quiénes Pueden Solicitar esta Visa?

Sólo los hijos o hijas de un ciudadano de EE.UU. no casados(as) y mayores de 21 años de edad pueden solicitar la visa F1-1.

Cómo Solicitarla

El padre (o madre) estadounidense deberá, en primer lugar, llenar y presentar ante el USCIS el Formulario I-130, *Petición para un familiar extranjero*, y el Formulario I-864, *Declaración Jurada de Respaldo Económico*. El hijo o hija extranjero(a) deberá, también, someterse a un examen médico a cargo de un médico aprobado por el USCIS. Una vez aprobada la petición, el USCIS le emitirá el Formulario I-797, *Notificación de aprobación*, al ciudadano de EE.UU. que efectúa la petición. El hijo (o la hija) deberá, entonces, llenar y presentar el Formulario DS-230, *Solicitud de visa de inmigrante y registro de extranjero*, y presentarlo en el consulado de EE.UU. de su país de origen. El funcionario consular examinará el formulario y los documentos que lo avalan y lo citará a una entrevista personal. Si se reúnen todos los requisitos, el consulado de EE.UU. emitirá la visa, poniendo el correspondiente sello en el pasaporte del hijo o hija extranjero(a). El número de estas visas es limitado y hay una lista de espera de aproximadamente cuatro años (aún más para los ciudadanos de México o Filipinas).

Visa F2-1, para Cónyuges de Titulares de la Tarjeta de Residente Permanente Legal

Dentro del sistema de preferencias, una de las posibles visas que se otorgan en base a vínculos familiares es la visa F2-1, para el (o la) cónyuge de un titular de la tarjeta de residente permanente legal. Los cónyuges que se cuentan en esta categoría tienen derecho a solicitar una visa de segunda preferencia (2A).

¿Quiénes Pueden Solicitar esta Visa?

Sólo los cónyuges de titulares de la tarjeta de residente legal pueden solicitar la visa F2-1.

Cómo Solicitarla

El cónyuge titular de la tarjeta de residente permanente legal en EE.UU. deberá, en primer lugar, presentar al USCIS el Formulario I-130, *Petición para un familiar extranjero*, y el Formulario I-864, *Declaración Jurada de Respaldo Económico (Affidavit of Support)*. El cónyuge extranjero tendrá que someterse a un examen médico efectuado por un médico aprobado por el USCIS. Una vez aprobada la petición, el USCIS le emitirá el Formulario I-797, *Notificación de aprobación*, al titular de la tarjeta de residente permanente legal en EE.UU. que efectúa la petición. Posteriormente, el cónyuge llenará el Formulario DS-230, *Solicitud de visa de inmigrante y registro de extranjero*, y lo presentará ante el consulado de EE.UU. en su país de origen. El funcionario consular examinará el formulario y todos los documentos que lo avalan, y lo citará para una entrevista personal. Si se reúnen todos los requisitos, el consulado de EE.UU. emitirá la visa y pondrá el correspondiente sello en el pasaporte del cónyuge extranjero.

Visa F2-2, para los Hijos del Titular de una Tarjeta de Residente Permanente Legal

Otra de las posibles visas que pueden solicitarse dentro del sistema de preferencias es la visa F2-2, para los hijos del titular de una tarjeta de residente permanente legal. Quien sea hijo del titular de la tarjeta de residente permanente legal es elegible para solicitar una visa de segunda preferencia (2A).

¿Quiénes Pueden Solicitar esta Visa?

Sólo los hijos del titular de una tarjeta de residente permanente legal en EE.UU. tienen derecho a solicitar la visa F2-2.

Cómo Solicitarla

El padre o madre titular de la tarjeta de residente permanente legal en EE.UU. deberá, en primer lugar, presentar al USCIS el Formulario I-130, *Petición para un familiar extranjero*, y el Formulario I-864, *Declaración Jurada de Respaldo Económico (Affidavit of Support)*. El hijo extranjero tendrá que someterse a un examen médico efectuado por un médico aprobado por el USCIS. Una vez aprobada la petición, el USCIS le emitirá el Formulario I-797, *Notificación de aprobación*, al titular de la tarjeta de residente permanente legal en EE.UU. que efectúa la petición. Posteriormente, el hijo llenará el Formulario DS-230, *Solicitud de visa de inmigrante y registro de extranjero*, y lo presentará ante el consulado de EE.UU. en su país de origen. El funcionario consular examinará el formulario y todos los documentos que lo avalan, y lo citará para una entrevista personal. Si se reúnen todos los requisitos, el consulado de EE.UU. emitirá la visa y pondrá el correspondiente sello en el pasaporte del hijo extranjero.

Visa F2-4, para Hijos o Hijas de un Residente Permanente Legal no Casados(as) y Mayores de 21 Años de Edad

Una de las posibles visas otorgadas en base a vínculos familiares dentro del sistema de preferencias es la visa F2-4, para hijos o hijas de un residente permanente legal en EE.UU., no casados(as) y mayores de 21 años de edad. El hijo o hija del titular de una tarjeta de residente permanente legal es elegible para obtener una visa de primera preferencia (2B).

¿Quiénes Pueden Solicitar esta Visa?

Sólo los hijos o hijas del titular de una tarjeta de residente permanente legal en EE.UU. no casados(as) y mayores de 21 años de edad pueden solicitar la visa F2-4.

Cómo Solicitarla

El padre o madre titular de la tarjeta de residente permanente legal en EE.UU. deberá, en primer lugar, presentar al USCIS el Formulario I-130, *Petición para un familiar extranjero*, y el Formulario I-864, *Declaración Jurada de Respaldo Económico (Affidavit of Support)*. El hijo extranjero tendrá que someterse a un examen médico efectuado por un médico aprobado por el USCIS. Una vez aprobada la petición, el USCIS le emitirá el Formulario I-797, *Notificación de aprobación*, al titular de la tarjeta de residente permanente legal en EE.UU. que efectúa la petición. Posteriormente, el hijo llenará el Formulario DS-230, *Solicitud de visa de inmigrante y registro de extranjero*, y lo presentará ante el consulado de EE.UU. en su país de origen. El funcionario consular examinará el formulario y todos los documentos que lo avalan, y lo citará para una entrevista personal. Si se reúnen todos los requisitos, el consulado de EE.UU. emitirá la visa y pondrá el correspondiente sello en el pasaporte del hijo extranjero.

Visa F3-1, para Hijos Casados de Ciudadanos de EE.UU.

A pesar de que en este tipo de visa el peticionario es un ciudadano de EE.UU., la visa F3-1, para hijos casados de ciudadanos de EE.UU. forma parte del sistema de preferencias. Los hijos casados de ciudadanos de EE.UU. tienen derecho a una visa de tercera preferencia.

¿Quiénes Pueden Solicitar esta Visa?

Sólo los hijos casados de ciudadanos de EE.UU. tienen derecho a solicitar la visa F3-1.

Cómo Solicitarla

El padre (o madre) estadounidense deberá, en primer lugar, llenar y presentar ante el USCIS el Formulario I-130, *Petición para un familiar extranjero*, y el Formulario I-864, *Declaración Jurada de Respaldo Económico*. El hijo extranjero deberá, también, someterse a un examen médico a cargo de un médico aprobado por el USCIS. Una vez aprobada la petición, el USCIS le emitirá el Formulario I-797, *Notificación de aprobación*, al ciudadano de EE.UU. que efectúa la petición. El hijo casado deberá, entonces, llenar y presentar el Formulario DS-230, *Solicitud de visa de inmigrante y registro de extranjero*, y presentarlo en el consulado de EE.UU. de su país de origen. El funcionario consular examinará el formulario y los documentos que lo avalan y lo citará a una entrevista personal. Si se reúnen todos los requisitos, el consulado de EE.UU. emitirá la visa, poniendo el correspondiente sello en el pasaporte del hijo extranjero.

Visa F4-1, para Hermanos de Ciudadanos de EE.UU.

No todos los familiares de ciudadanos de EE.UU. tienen derecho a solicitar una visa. Por ejemplo, los primos y tíos no son elegibles para obtener una visa en base a vínculos familiares. Sin embargo, un ciudadano de EE.UU. puede efectuar una petición en favor de su hermano(a). La visa F4-1 se otorga a hermanos de ciudadanos de EE.UU., quienes tienen derecho a solicitar una visa de cuarta preferencia.

¿Quiénes Pueden Solicitar esta Visa?

Sólo los hermanos(as) de un ciudadano de EE.UU. tienen derecho a solicitar la visa F4-1.

Cómo Solicitarla

El hermano(a) estadounidense deberá, en primer lugar, llenar y presentar ante el USCIS el Formulario I-130, *Petición para un familiar extranjero*, y el Formulario I-864, *Declaración Jurada de Respaldo Económico*. El hermano(a) extranjero(a) deberá, también, someterse a un examen médico a cargo de un médico aprobado por el USCIS. Una vez aprobada la petición, el USCIS le emitirá el Formulario I-797, *Notificación de aproba-*

ción, al ciudadano de EE.UU. que efectúa la petición en calidad de hermano(a). El hermano(a) extranjero(a) deberá, entonces, llenar y presentar el Formulario DS-230, *Solicitud de visa de inmigrante y registro de extranjero*, y presentarlo en el consulado de EE.UU. de su país de origen. El funcionario consular examinará el formulario y los documentos que lo avalan y lo citará a una entrevista personal. Si se reúnen todos los requisitos, el consulado de EE.UU. emitirá la visa, poniendo el correspondiente sello en el pasaporte del hermano(a) extranjero(a).

Visa K-1, para el (la) Prometido(a) de un Ciudadano de EE.UU. y Visa K-2, Visa para Hijo(a) Menor de Edad del (de la) Prometido(a)

Es bastante común que los ciudadanos de EE.UU. se casen con extranjeros. Sin embargo, en tales circunstancias, al extranjero no se le conceden todos los beneficios que les corresponden al cónyuge de un ciudadano de EE.UU. Todo ciudadano de EE.UU. que se comprometa con un(a) extranjero(a) y tenga intenciones de casarse con él (o ella), deberá tener muy en cuenta las normas y reglamentos que se aplican para este tipo de visa.

Mientras que algunos ciudadanos de EE.UU. viajan al exterior para casarse con su prometido(a), otros prefieren que el (la) prometido(a) se traslade a EE.UU. para celebrar la boda allí. La visa K-1 permite a los(las) prometidos(as) extranjero(as) viajar a EE.UU. para casarse, con ciertas limitaciones. Por otra parte, la visa K-2 permite que se trasladen también a EE.UU. los hijos menores de edad del (de la) prometido(a) extranjero(a).

¿Quiénes Pueden Solicitar estas Visas?

Sólo los prometidos(as) de ciudadanos de EE.UU. que se casen dentro de un plazo de noventa días desde su ingreso en EE.UU. (visa K-1) y los hijos menores de edad de los prometidos(as) extranjero(as) (visa K-2).

Cómo Solicitarlas

El (la) prometido(a) estadounidense deberá, en primer lugar, llenar y presentar ante el USCIS el Formulario I-129F, *Petición de prometido*, y el Formulario I-864, *Declaración Jurada de Respaldo Económico*. El (la) prometido(a) extranjero(a) (y los hijos menores de edad, si corresponde) deberá, también, someterse a un examen médico a cargo de un médico aprobado por el USCIS. Una vez aprobada la petición, el USCIS le emitirá el Formulario I-797, *Notificación de aprobación*, al ciudadano de EE.UU. que efectúa la petición en calidad de prometido(a). El prometido(a) extranjero(a) deberá, entonces, llenar y presentar el Formulario 156, *Solicitud de visa de no inmigrante*, y el Formulario 156K, *Solicitud de visa de no inmigrante para prometido*, y presentarlo en el consulado de EE.UU. de su país de origen. El funcionario consular examinará el Formulario y los documentos que lo avalan y lo citará a una entrevista personal. Si se reúnen todos los requisitos, el consulado de EE.UU. emitirá la visa, poniendo el correspondiente sello en el pasaporte del prometido(a) extranjero(a) (y en el de los hijos menores de edad, si corresponde). Los dos prometidos deberán cumplir estrictamente el requisito de casarse dentro de los noventa días de la llegada a EE.UU. del prometido(a) extranjero(a).

Visa K-3, para Cónyuges de un Ciudadano de EE.UU. y Visa K-4, para Hijos Menores de Edad del Cónyuge

Esta visa se diferencia de la visa IR-1 en que, en este caso, el(la) cónyuge extranjero(a) solicita una visa de no inmigrante en vez de una visa de inmigrante, y en que antes de que pueda emitirse una visa K-3 o K-4, deberá haber sido presentado y aprobado el Formulario I-130 en nombre del (de la) cónyuge extranjero(a).

¿Quiénes Pueden Solicitar estas Visas?

Sólo los(las) cónyuges extranjeros(as) de un ciudadano de EE.UU. (visa K-3) y los hijos menores de edad de dichos(as) cónyuges (visa K-4).

Cómo Solicitarlas

El cónyuge estadounidense deberá, en primer lugar, haber llenado y presentado ante el USCIS el Formulario I-130, *Petición para un familiar extranjero*, y posteriormente, deberá presentar ante el USCIS el Formulario I-129F, *Petición de prometido*. El(la) cónyuge extranjero(a) (y los hijos menores de edad, si corresponde) deberá, también, someterse a un examen médico a cargo de un médico aprobado por el USCIS. Una vez aprobada la petición, el USCIS le emitirá el Formulario I-797, *Notificación de aprobación*, al ciudadano de EE.UU. que efectúa la petición en calidad de cónyuge. El cónyuge extranjero(a) deberá, entonces, llenar y presentar el Formulario 156, *Solicitud de visa de no inmigrante*, y el Formulario 156K, *Solicitud de visa de no inmigrante para prometido*, y presentarlo en el consulado de EE.UU. de su país de origen. El funcionario consular examinará el formulario y los documentos que lo avalan y lo citará a una entrevista personal. Si se reúnen todos los requisitos, el consulado de EE.UU. emitirá la visa, poniendo el correspondiente sello en el pasaporte del cónyuge extranjero(a) (y en el de los hijos menores de edad, si corresponde).

Capítulo 5

Visas de Trabajo

Si cree que obtener un permiso para trabajar en EE.UU. es imposible, piénselo de nuevo. En realidad es todo lo contrario. Es más, en la actualidad las leyes de inmigración de EE.UU. son bastante liberales en cuanto al otorgamiento de permisos de trabajo. Se dispone de visas que permiten trabajar temporalmente en Estados Unidos y otras que permiten al titular trabajar y vivir permanentemente (con la tarjeta de residente) en este país.

Pero existe una contrapartida. Es necesario superar los siguientes cuatro obstáculos.
1. Usted deberá reunir (a título individual) los requisitos para aspirar a la visa.
2. La empresa para la que usted trabaja deberá ser la adecuada para patrocinarlo.
3. Usted y la empresa deberán mantener una adecuada relación laboral.
4. En el caso de visas sujetas a cuotas, debe haber una visa disponible.

ESTUDIO DE CASO

Carmen es ciudadana mexicana y posee una licenciatura universitaria. Le han ofrecido un trabajo en Bank One en Los Ángeles, como Gerenta de Desarrollo de Negocios en el Exterior. Carmen obtendrá una visa H-1B para trabajo temporal porque (1) reúne los requisitos para este tipo de visas, porque cuenta con los estudios necesarios y porque carece de antecedentes penales o enfermedades que pudieran prohibirle la entrada a EE.UU.; (2) Bank One es una empresa sólida desde el punto de vista financiero, con capacidad más que suficiente para pagarle el sueldo a Carmen; (3) Carmen ejercerá un cargo gerencial; y, (4) cuando Carmen solicitó una visa, habían visas H-1B disponibles.

Una visa de trabajo temporal permite al titular trabajar en Estados Unidos durante un período de tiempo limitado. A estas *visas también se las conoce como visas de trabajo para no inmigrantes*, porque los solicitantes no suelen tener intenciones de quedarse a vivir en EE.UU. El concepto de "temporal" se refiere a la duración de la estadía en Estados Unidos pero no a la índole del empleo, porque las visas para trabajo temporal pueden utilizarse para desempeñar cargos a tiempo completo.

Visa H-1B, para Personal de Gerencia o Trabajadores Altamente Especializados

La visa H-1B se utiliza para contratar personas altamente capacitadas de otros países, para que ejerzan cargos en Estados Unidos.

¿Quiénes Pueden Solicitar esta Visa?

La visa H-1B se reserva para personas altamente capacitadas que se trasladan a Estados Unidos a fin de trabajar temporalmente en cargos de gerencia, como trabajadores especializados o en calidad de modelos de alta costura.

Cómo Solicitarla

Si usted reúne los requisitos para esta visa, su empresa tendrá que presentar una petición a su nombre llenando el Formulario I-129, Petición para trabajador no inmigrante, y presentarla ante el centro de servicio del USCIS responsable del área geográfica en la que usted trabajará.

La condición básica para obtener este tipo de visa consiste en tener una oferta de trabajo de una compañía de EE.UU. Se trata de una visa destinada a *personal de gerencia y trabajadores con conocimientos altamente especializados*. Fundamentalmente, es una visa para profesionales que por lo menos tengan un título universitario y ofertas para ejercer un cargo gerencial de alto nivel o un trabajo altamente especializado. Sin embargo, no se desanime si le parece que estos requisitos son excesivos. Al referirse a un cargo *altamente especializado*, este concepto abarca una amplia gama de empleos, desde especialistas en desarrollo de programas de computadora hasta investigadores científicos. Asimismo, para solicitar esta visa es válido todo puesto gerencial de alto nivel, incluso en una empresa pequeña. En lo que se refiere a los requisitos de estudios, éstos pueden suplirse acreditando experiencia equivalente a un título universitario.

El puesto de trabajo en sí deberá ser a tiempo completo y el sueldo o salario deberá ser, al menos, equivalente *al salario corriente* para ese tipo de cargo. La empresa que lo contrate deberá poseer la solidez financiera necesaria para poder pagarle su sueldo o salario. (La finalidad de esta visa no es importar mano de obra barata a Estados Unidos.)

Los trámites para obtener la visa H-1B llevan mucho tiempo, bastante papeleo y a veces resultan costosos. Este trámite requiere cumplir tres etapas, comenzando por la *Agencia de Trabajo* del Estado de EE.UU. con la que usted trabajaría, continuando por el centro de servicio del USCIS y, por último, el consulado de EE.UU. de su propio país.

La empresa que lo contrata inicia el trámite llenando una solicitud ante la Agencia de Trabajo del Estado, ante la cual deberá demostrar que no se dispone de ningún trabajador estadounidense para desempeñar el puesto de trabajo que se le está ofreciendo a un extranjero y que el sueldo o salario ofrecido reúne los requisitos mínimos para ese tipo de trabajo. El objetivo de este trámite es obtener la *certificación laboral,* lo cual no es nada fácil. El factor clave para superar este escollo consiste en describir el puesto de trabajo y los requisitos pertinentes, de manera tal que indiquen claramente que no se dispone de trabajadores estadounidenses calificados para el cargo y usted cuenta con las calificaciones necesarias.

> **RECUERDE:** Redacte con cautela la descripción del puesto de trabajo. La Agencia de Trabajo del Estado no aceptará descripciones que incluyan calificaciones innecesarias para el tipo de trabajo ofrecido. Por ejemplo, generalmente no se requiere que un ingeniero de software hable español. En casos de este tipo, si se establece como requisito que el candidato hable dicho idioma se correría el riesgo de que no sea aprobada la certificación laboral.

Una vez aprobada la *certificación laboral*, la empresa llena el Formulario I-129 y lo presenta en el centro de servicio del USCIS. Esta etapa es la verdadera petición de la visa. La empresa indica los detalles respecto al puesto de trabajo y sobre usted. El trámite puede llevar de tres a cuatro meses, plazo que puede reducirse a quince días si usted o la empresa están dispuestos a pagar una *tasa de tramitación* adicional, la cual actualmente asciende a US $1.000.

Si el USCIS aprueba el Formulario I-129, informará sobre el particular al consulado de EE.UU. de su país. Acto seguido, usted deberá presentar el Formulario DS-156 al consulado para obtener su visa.

En lo que se refiere a todas las visas para las cuales se requiere una certificación laboral, a partir de marzo de 2005 entran en vigor nuevos procedimientos, los cuales forman parte del programa PERM (siglas en inglés de

Permanent Electronic Review Management), destinado a disminuir los atrasos de los trámites para la obtención de la certificación laboral, centralizándolo en el Departamento de Trabajo (federal) en vez de las Agencias de Trabajo del Estado. Quedan todavía dudas respecto al funcionamiento de este programa. En la actualidad, da la impresión de que requerirá que las empresas contratantes presenten constancia de haber anunciado la vacante sin éxito, antes de admitir la solicitud de certificación laboral. Si funciona de la manera que espera el Departamento de Trabajo, el programa PERM disminuirá notablemente el tiempo que lleva obtener dicha certificación.

> En el futuro, el PERM cambiará este procedimiento, respecto a TODAS las visas que requieran la certificación laboral.

La visa H-1B permite al titular permanecer en Estados Unidos durante un máximo de seis años como trabajador especializado y siete años como gerente. Si desea continuar desempeñando su puesto, tendrá que salir de Estados Unidos al menos durante un año completo.

> La visa H-1B establece un límite máximo de estadía y su cantidad es limitada.

La visa H-1B es una visa que permite una *doble intención*, lo cual significa que usted puede solicitar la tarjeta de residente aunque esté en Estados Unidos amparado en una visa de no inmigrante temporal. Su empresa puede patrocinarlo para obtener la tarjeta de residente, de manera que, si usted reúne los debidos requisitos, podrá seguir trabajando permanentemente para la misma empresa.

La cantidad de visas H-1B está limitada por una *cuota* o *límite*. Durante muchos años, esto no constituía un problema significativo, pero a partir de 2002, se comenzó a agotar la cuota. Los aspirantes que presentaron la solicitud demasiado tarde, no pudieron conseguir visa aunque reuniesen los requisitos necesarios. En diciembre de 2004, el presidente Bush aprobó la *Ley de reforma de la visa H-1B de 2004*, la cual dispensará de la cuota a los extranjeros que posean un título universitario de master o superior expedido por una universidad de EE.UU., aunque incluso esta exención se aplicará a un máximo de 20.000 visas.

Visa H-1C, para Profesionales del Sector Salud

La visa H-1C es una visa de trabajo temporal que ayuda al sector salud de EE.UU. a contratar enfermeros calificados.

¿Quiénes Pueden Solicitar esta Visa?

Para solicitar esta visa se requiere ser enfermero titulado y capacitado. Asimismo, es necesario contar con el patrocinio de un hospital aprobado, lo cual significa que el hospital deberá estar situado en un área en la cual falten enfermeros. El hospital deberá demostrar la falta de personal, llenando el Formulario ETA 9081 y presentarlo ante el Departamento de Trabajo de EE.UU. A las áreas que se encuentren en tales circunstancias se las denomina *áreas con escasez de profesionales del sector salud.*

Cómo Solicitarla

A fin de solicitar esta visa, las autoridades del hospital que lo patrocinan deberán presentar el Formulario I-129, *Petición para trabajador no inmigrante*, ante el centro de servicio del USCIS responsable del área geográfica en la cual trabajará usted. Si el USCIS aprueba la petición, emitirá una notificación de aprobación, haciéndole saber que usted puede utilizarla para obtener la visa en el consulado de EE.UU. de su país de origen.

> *Deberá usted presentar constancia de que los estudios de enfermería que cursó en el exterior son equivalentes a los que le hubieran impartido en EE.UU.*

Una vez que encuentre un hospital que patrocine su contratación, usted deberá demostrar que reúne los requisitos necesarios. Le hará falta un certificado de Comisión de Graduados en Escuelas de Enfermería Extranjeras (*Comission on Graduates on Foreign Nursing Schools*, CGFNS) y poseer una licencia válida y sin restricciones para ejercer de enfermero(a) en el estado de EE.UU. en el cual trabaja o trabajará. Las autoridades de este estado deberán verificar que la licencia extranjera sea auténtica y no esté afectada por limitaciones. A fin de demostrar que una licencia de enfermería expedida en el exterior es válida, el enfermero (o la enfermera) tendrá que aprobar el *Examen de Enfermería del Consejo de Juntas Estatales de Enfermería* (National Council of State Boards of Nursing Examination) y demostrar que se ha graduado de un programa de enfermería en inglés, en un país designado por el CGFNS (por ejemplo, Canadá, Reino Unido, Irlanda, Sudáfrica, Australia y Nueva Zelanda).

> *La cuota para las visas H-1C es muy baja.*

> *La estadía máxima es de tres años.*

En el ámbito nacional sólo puede otorgarse la visa H-1C a 500 enfermeros(as) en cada año fiscal. Se aplican, también, límites numéricos para cada estado, en proporción a la población que tengan. El límite para los estados con nueve millones de habitantes o más, es de 50 visas cada año fiscal, mientras que dicho límite para los estados que tienen menos de nueve millones de habitantes es de veinticinco visas por cada año fiscal.

La visa H-1C es, verdaderamente, una visa temporal. Tras superar todos los obstáculos y reunir los requisitos, el titular puede permanecer en EE.UU. durante un período máximo de tres años.

> **RECUERDE:** El límite de estadía máxima no suele ocasionar problemas, dado que todo(a) enfermero(a) que reúna los requisitos para la visa H-1C, puede aspirar también a la tarjeta de residente en base al empleo (siempre que la empresa lo(a) patrocine).

Visa H–2A, para Trabajadores Agrícolas Temporales

La visa H-2A es muy conocida entre los trabajadores que cruzan la frontera sur de EE.UU. Esta visa permite al titular trabajar temporalmente en Estados Unidos, en faenas agrícolas zafrales o en períodos de exceso de trabajo.

¿Quiénes Pueden Solicitar esta Visa?

La condición primordial para tener derecho a este tipo de visa es el tipo de trabajo que realizará el solicitante, no sus estudios ni su experiencia. Quien solicite la visa H-2A deberá trasladarse a EE.UU. para desempeñar tareas agrícolas zafrales o en momentos de exceso de trabajo. Entre los ejemplos más comunes del uso de este tipo de visa está la recolección de cosechas o de frutas. En estos casos, el patrocinador tiene necesidad de un gran número de trabajadores para una temporada específica, o durante un breve lapso de tiempo.

Cómo Solicitarla

A fin de solicitar esta visa, el patrocinador o empresa contratante deberá presentar el Formulario I-129, *Petición para trabajador no inmigrante,* ante el centro de servicio del USCIS responsable del área geográfica en la cual se efectuarán las tareas agrícolas.

Antes de presentar una petición para trabajadores agrícolas temporales, el patrocinador deberá solicitar una certificación laboral al Departamento de Trabajo, a fin de demostrar que no se dispone de trabajadores estadounidenses para ese tipo de tareas y que los jornales y las condiciones de trabajo están de acuerdo con los niveles regionales. La petición (el Formulario I-129) deberá ser presentada por un patrocinador de EE.UU. o una asociación de productores agrícolas que figure como patrocinador conjunto en la certificación. El procedimiento es el mismo que el de las visas H-2B, para trabajadores temporales, como se explica en la próxima sección.

> Se deberá demostrar que no se dispone de trabajadores estadounidenses para este tipo de trabajo.

Visa H-2B, para Trabajadores Temporales, Calificados y no Calificados

Suele creerse que si usted no es médico, ingeniero, enfermero u otro tipo de profesional altamente calificado, no tendrá posibilidades de obtener una visa para trabajar en EE.UU. Esta suposición es totalmente falsa.

La visa H-2B es sumamente flexible y permite que las empresas de EE.UU. contraten trabajadores extranjeros para llenar vacantes temporales, zafrales o por exceso de trabajo, si este empresario puede demostrar que no puede conseguir trabajadores estadounidenses calificados para los puestos vacantes.

¿Quiénes Pueden Solicitar esta Visa?

Los solicitantes de este tipo de visa no necesitan estudios de alto nivel ni calificaciones elevadas, pero tienen que reunir los requisitos mínimos para los cargos vacantes. Entre tales requisitos pueden incluirse el diploma de la escuela secundaria o experiencia en la industria pertinente. Más importante aún es que el puesto de trabajo en sí deberá ser zafral, intermitente, motivado por exceso de trabajo o por circunstancias que sólo se producen una vez.

Cómo Solicitarla

La empresa presenta el Formulario I-129, *Petición para trabajador no inmigrante*, a nombre del solicitante de esta visa, ante el centro de servicio del USCIS responsable del área geográfica en la cual se realizarán las tareas. Si el USCIS aprueba la petición, emitirá una notificación de aprobación indicando que el solicitante puede utilizarla para obtener la visa en el consulado de EE.UU. de su país de origen.

Aunque se trata de una visa flexible y posiblemente los cargos a ejercer no están bien pagados, la tramitación de visas para trabajadores no calificados es tan abrumadora como la que se requiere para un ingeniero altamente calificado. La primera etapa consiste en lograr que el Departamento de Trabajo de EE.UU. le apruebe una *Solicitud de certificación laboral* (LCA, por sus siglas en inglés). Para cumplir esta etapa, la empresa debe presentar el Formulario ETA-750A en las oficinas de la Agencia de Trabajo del Estado de EE.UU. en el cual trabajará el solicitante de la visa. Esta agencia (generalmente el Departamento de Trabajo estatal o similar) le indicará al representante de la empresa que anuncie la vacante en un periódico local. Después de publicado el anuncio, la agencia analizará las respuestas para dictaminar si se presentan trabajadores estadounidenses calificados. Si se decide que las respuestas no han sido suficientes, informarán sobre el particular al Departamento de Trabajo de EE.UU., el cual emitirá una *solicitud de certificación* laboral aprobada.

Acto seguido, el representante de la empresa presentará el Formulario I-129 ante el centro de servicio del USCIS responsable de la región en la cual el solicitante intenta trabajar. Se presenta la LCA como constancia. Si el USCIS aprueba la petición, se remite una notificación de aprobación al consulado de EE.UU. del país de origen del solicitante, quien presentará el Formulario DS-156 en el consulado a fin de obtener su visa.

> **RECUERDE:** Los elementos más importantes del Formulario ETA-750 A son la descripción del puesto de trabajo y el sueldo o salario. La experiencia del candidato deberá estar de acuerdo con los requisitos establecidos en la descripción del puesto, pero ésta no deberá incluir requisitos innecesarios para el desempeño del cargo. Por ejemplo, no sería recomendable incluir que los solicitantes de un puesto

de servicio doméstico deban hablar español. Asimismo, el nivel de remuneración deberá coincidir con lo que se conoce como salario corriente. En otras palabras, la paga que se ofrece tiene que ser al menos la misma que la que se ofrece para trabajos similares. La empresa deberá abstenerse de ofrecer salarios demasiado bajos para que no se presenten trabajadores estadounidenses dispuestos a solicitar el puesto.

La visa H-2B no tiene como fin sustituir la contratación de empleados a tiempo completo. La empresa tiene que demostrar que el empleo para el cual se contrata a un extranjero responde a una necesidad zafral o inesperada y que una vez concluida la labor, concluye el empleo y ya no necesitará de los servicios de los trabajadores temporales contratados. Por ejemplo, las empresas relacionadas con el turismo, como los hoteles, a menudo pueden demostrar que en temporada alta necesitan más trabajadores que en la temporada baja, y que estos trabajadores no

> El cargo deberá ser zafral, temporal, intermitente o por exceso de trabajo en un momento dado.

harán falta durante el resto del año. Asimismo, pueden demostrar que, dado que todos los hoteles están en la misma situación durante el verano, no disponen de suficientes trabajadores estadounidenses calificados y dispuestos para ocupar tales cargos.

Aunque esta visa permite una estadía máxima de doce meses, las autoridades examinan con mayor detenimiento las peticiones de permanencia para periodos mayores a nueve meses. Los plazos pueden extenderse, pero ningún trabajador titular de una visa H-2B podrá trabajar en EE.UU. durante más de tres años. Al llegarse a ese punto, el trabajador deberá permanecer al menos un año fuera de Estados Unidos para poder volver a solicitar la visa. Esta visa está sujeta a un cupo máximo.

> La visa H-2B establece un límite máximo de estadía y su cantidad es limitada.

Una de las maneras de evitar quedarse sin visa es presentar la petición lo antes posible dentro del año fiscal (comienza en octubre). Esto significa que la cuota comienza a llenarse en octubre de cada año. El USCIS comienza a tramitar las peticiones para los puestos de trabajo que comienzan en octubre y continúa tramitándolos hasta agotarse la cuota. Cuanto más temprana sea la fecha de comienzo del trabajo, mejores serán las posibilidades de conseguir visa. Lamentablemente, el trabajador no es quien decide la fecha del comienzo de su empleo. Respecto a la mayor parte de los puestos zafrales, como los empleos de verano (entre junio y agosto) en hoteles, por ejemplo, no sería posible comenzar a trabajar en octubre. La fecha de inicio del trabajo también determinará cuándo puede presentarse la petición. Las Agencias de Trabajo del Estado no tramitarán el Formulario ETA-750A hasta 120 días antes de la fecha de comienzo del trabajo.

> Se recomienda comenzar a desempeñar el puesto laboral a comienzos del año fiscal, antes de que se agoten las visas.

Visas de Trabajo Permanentes

Una visa de trabajo que le permite trabajar permanentemente en Estados Unidos es una *visa de inmigrante* y le permite obtener la tarjeta de residente. Existen diversas maneras de obtener tales visas. Generalmente a estas visas se les denomina visas otorgadas en base al empleo. Los solicitantes deben reunir todo los requisitos para cada una de las visas que se indican a continuación, además de todos los requisitos para una visa de inmigrante (lo cual incluye un examen médico).

La Primera Etapa Consiste en Obtener la Certificación Laboral

Para tales propósitos se requiere un puesto de trabajo adecuado y las calificaciones adecuadas. Al efectuar la petición, la empresa deberá demostrar que no se dispone de trabajadores estadounidenses calificados y dispuestos a aceptar el cargo vacante. En algunas ocasiones—no muy frecuentes—es posible eliminar esta etapa, si usted ejerce una ocupación "precertificada."

La Segunda Etapa Requiere la Aprobación de su Petición de Inmigración

Después de obtener la certificación laboral, la empresa deberá demostrar, mediante el Formulario I-140, que reúne las condiciones para patrocinarlo a usted y que usted posee las debidas calificaciones. Posteriormente, usted aún tendrá que llevar la petición aprobada al consulado de EE.UU. y demostrar que, desde un punto de vista personal, reúne las condiciones para obtener una visa de inmigrante. Fundamentalmente, tendrá que demostrar que no posee antecedentes penales, no padece enfermedades y que no lo afectan otros problemas que lo descalificarían.

NOTA: Contar con un puesto de trabajo y calificaciones profesionales no basta para obtener una tarjeta de residente.

La Tercera Etapa Consiste en Solicitar la Residencia Permanente y la Tarjeta de Residente

Aunque parezca obvio, esta etapa no se cumple automáticamente. Una vez que le ponen en el pasaporte el sello de la visa de inmigrante y usted ingresa en Estados Unidos y comienza a trabajar, tendrá que efectuar ciertos trámites para obtener la tarjeta de residente. Es imprescindible, por tanto, presentar el Formulario I-485 ante el centro de servicio del USCIS.

Capítulo 6

Visas NAFTA

La meta del Tratado de Libre Comercio de América del Norte (NAFTA, por sus siglas en inglés), suscrito entre Canadá, México y Estados Unidos, consiste en eliminar todas las barreras comerciales, y una de las barreras más significativas la constituyen las restricciones al libre tránsito de trabajadores. Para tales efectos, entre las leyes de inmigración de EE.UU. se incluye ahora una disposición para una visa especial que puede emitirse en favor de profesionales canadienses y mexicanos que deseen trabajar temporalmente en Estados Unidos. A este tipo de visa se la denomina visa del Tratado de Libre Comercio y se la designa con las letras TN.

ESTUDIO DE CASO

Un ciudadano mexicano concluye sus estudios de administración de hoteles en Ciudad de México y le ofrecen un puesto de gerente de un hotel en Los Ángeles. Este hotel le ofrece

> *trabajar durante un período de prueba de nueves meses y el gerente reúne los requisitos para obtener una visa TN.*

¿Quiénes Pueden Solicitar esta Visa?

Esta visa pueden solicitarla los ciudadanos canadienses y mexicanos a quienes se define como profesionales bajo el Tratado de Libre Comercio de América del Norte (NAFTA).

Cómo Solicitarla

Existe una pequeña diferencia entre la tramitación de la solicitud para los canadienses y la misma tramitación para ciudadanos mexicanos. Los canadienses pueden solicitar la visa en la frontera de EE.UU., presentando constancia de una oferta de trabajo en Estados Unidos y de sus estudios. Los mexicanos deben presentar la solicitud en un consulado de EE.UU. en México, mediante el Formulario DS-156, *Solicitud de visa de no inmigrante*, así como la constancia de oferta de empleo y de sus estudios.

La visa TN se otorga solamente a los ciudadanos de Canadá y México. El solicitante deberá contar con una oferta de trabajo temporal en Estados Unidos o un acuerdo para prestar servicios, acordado de antemano, con una empresa estadounidense en calidad de colaborador externo (contractor). El empleo deberá ser temporal y el contrato deberá tener una duración máxima de un año.

> *Es necesario tener la nacionalidad adecuada y desempeñar el mpleo indicado.*

El trabajo en sí, deberá requerir el ejercicio de una de las sesenta y tres ocupaciones incluidas en el *Tratado de Libre Comercio de América del Norte*. Estas ocupaciones son, principalmente, de tipo profesional aunque abarcan una amplia gama.

En la actualidad, las ocupaciones aceptadas son las siguientes:

- Contador
- Arquitecto
- Analista de sistemas de informática
- Ajustador de seguros para casos de desastre (ajustador de reclamaciones que trabaja para una compañía de seguros situada en el territorio de la parte afectada o un ajustador de reclamaciones independiente)
- Economista
- Ingeniero
- Ingeniero en Forestación
- Diseñador gráfico
- Gerente de hotel
- Diseñador industrial
- Diseñador de interiores
- Agrimensor
- Arquitecto paisajista
- Abogado (incluidos los notarios públicos en la provincia canadiense de Québec)
- Bibliotecario
- Asesor de gerencia
- Matemático (incluidos los expertos en estadística)
- Jefe de campo (Range Manager)/Ecologista de campo (Range Conservationist)
- Asistente de investigación (que trabaje en un centro de enseñanza post-secundaria)
- Técnico científico/Tecnólogo

■ Personas que posean
- conocimientos teóricos de cualquiera de las siguientes disciplinas: ciencias agrícolas, astronomía, biología, química, ingeniería, forestación, geología, geofísica, meteorología o física y
- capacidad para resolver problemas prácticos en cualquiera de tales disciplinas, o capacidad para aplicar los principios de cualquiera de ellas a la investigación básica o aplicada

■ Trabajador social

■ Silviculturista (especialistas en forestación inclusive)

■ Redactor de publicaciones técnicas

■ Planificador urbano (Geógrafo inclusive)

■ Consejero vocacional

■ Medicina y profesiones afines
- Dentista
- Dietista
- Tecnólogo de laboratorio médico (Canadá)/ Tecnólogo médico (México y Estados Unidos)
- Nutricionista
- Terapeuta ocupacional
- Farmacéutico
- Médico (sólo para docencia o investigación)
- Fisioterapeuta
- Psicólogo(a)
- Terapeuta recreacional
- Enfermero(a) certificado(a)
- Veterinario(a)

■ Científico(a)
- Científico agricultor (Agrónomo inclusive)
- Criador de animales
- Científico experto en animales
- Apiculturista
- Astrónomo
- Bioquímico

- Biólogo
- Químico
- Científico experto en productos lácteos
- Entomólogo
- Epidemiólogo
- Geneticista/genetista
- Geoquímico
- Geólogo
- Geofísico (incluidos los Oceanógrafos en México y Estados Unidos)
- Horticulturista
- Meteorólogo(a)
- Farmacólogo(a)
- Físico(a) (incluidos los Oceanógrafos en Canadá)
- Experto en cultivo de plantas
- Científico avícola
- Científico(a) especialista en suelos
- Zoólogo(a)

■ Profesor(a)/docente
  - Colegio universitario o escuela universitaria
  - Seminario
  - Universidad

El acuerdo o contrato laboral y la condición migratoria del titular de la visa será examinada y podrá ser renovada al transcurrir cada período de un año. No hay límite fijo para la cantidad de renovaciones, motivo por el cual el titular de la visa puede permanecer y trabajar en Estados Unidos durante un lapso extenso, siempre que las condiciones de empleo sigan siendo las mismas.

En lo que se refiere a la mayor parte de las ocupaciones que abarca esta visa, el solicitante deberá contar con un título universitario obtenido después de cursar, por lo menos, cuatro años de estudio (*baccalaureate,*

Para obtener una visa TN, generalmente se requiere un título universitario obtenido después de finalizar cuatro años de estudio, pero no siempre.

según se entiende en EE.UU., o licenciatura) expedido por una universidad situada en uno de los tres países suscriptores del tratado NAFTA (Canadá, México y Estados Unidos). Si dicha universidad no está situada en uno de estos países, el solicitante deberá presentar una evaluación profesional en la que se demuestre que sus estudios son equivalentes a los que se cursan en un programa universitario de un país firmante del NAFTA. Algunas de estas ocupaciones requieren títulos avanzados y licencias profesionales. Todos los documentos no redactados en inglés deberán presentarse acompañados de una traducción al inglés certificada (esta disposición se aplica a los materiales en francés o español).

Es posible tener una visa TN y procurar la obtención de la residencia permanente (tarjeta de residente).

Generalmente NO basta con cierta cantidad de años de experiencia o una combinación de estudios y experiencia de trabajo. Sin embargo, para ciertas especialidades se permiten excepciones. Por ejemplo, para las siguientes ocupaciones se requiere ya sea un título universitario obtenido después de finalizar cuatro años de estudios o, en su defecto, dos años de estudios y tres años de experiencia de trabajo:

- Analista de sistemas de informática;
- Diseñador gráfico;
- Gerente de hotel;
- Diseñador industrial;
- Diseñador de interiores;
- Redactor de publicaciones técnicas; y,
- Tecnólogo de laboratorio médico.

Respecto a algunas ocupaciones, la elegibilidad puede demostrarse sólo con la experiencia de trabajo, sin necesidad de acreditar estudios secundarios. Estas ocupaciones son las siguientes:

- Ajustador de seguros para casos de desastre;
- Asesor de gerencia; y,
- Técnico científico/Tecnólogo.

Entre las visas de no inmigrante, la visa TN es una de las pocas visas de doble intención.

> **NOTA:** Ha habido casos en los cuales el titular de una visa TN solicita la tarjeta de residente y se le deniega la extensión de su visa TN, argumentando que uno de los requisitos de este tipo de visa es que la estadía del titular en EE.UU. debe ser temporal.

Procedimientos para la Obtención de Visas TN que Deben Seguir los Ciudadanos Canadienses

El procedimiento para la admisión en EE.UU. aplicable a los canadienses que solicitan una visa TN es rápido y sencillo (siempre que reúnan los requisitos adecuados. El solicitante deberá ser ciudadano canadiense, contar con los estudios requeridos y trasladarse a Estados Unidos con la documentación adecuada, para permanecer en este país durante un período temporal de menos de un año.

Los canadienses pueden presentar su solicitud de entrada al país mediante una visa TN directamente en la frontera de EE.UU. o en un puesto de inspección en un aeropuerto de Canadá. No es necesario obtener la aprobación previa del USCIS ni obtener una visa de

antemano en un consulado de EE.UU. en Canadá.
Basta con presentarle toda la documentación requerida
al funcionario de inmigración en la frontera. Si aprueban la solicitud, el funcionario de inmigración lo admitirá durante un
período máximo de un año, y le expedirán
el Formulario I-94, *Registro de entrada y
salida*, como constancia de haber sido
admitido con una visa TN.

> *Para quien reúne los debidos requisitos el ingreso en Estados Unidos es rápido y sencillo.*

Al igual que con todas las solicitudes de visa, prepare
toda la documentación necesaria para solicitar la visa
TN. Como mínimo, deberá contar con lo siguiente:
constancia de poseer la ciudadanía canadiense; certifi-
cados de estudios originales (diplomas, por ejemplo) en
los cuales se demuestre que cuenta con los estudios
requeridos, y una carta detallada de la empresa que le
ofrece trabajo en EE.UU., en la cual se especifique el
cargo propuesto, las fechas de empleo, las razones por
las cuales usted es la persona idónea para desempeñar
el cargo, etc.

> **RECUERDE:** Si le ofrecen trabajo en una
> empresa de EE.UU. pequeña o muy poco cono-
> cida, prepare documentación adicional para
> demostrar que dicha empresa existe y que
> cuenta con la solidez financiera necesaria para
> darle trabajo. A menudo resulta útil presentar
> documentos como el certificado de constitu-
> ción en sociedad anónima (incorporation), la
> declaración de impuestos o, incluso, folletos
> publicitarios de la empresa contratante.

Si desea solicitar una extensión de la visa TN, llene el
Formulario I-129 y preséntelo ante el centro de servi-

cio del USCIS en Nebraska. Asimismo, pueden tramitarse dichas extensiones saliendo de Estados Unidos y solicitando el reingreso. A tales efectos tendrá que reunir los mismos requisitos cada vez que solicite una extensión, ya sea en el centro de servicio del USCIS o en la frontera.

> *Las extensiones de la visa TN pueden solicitarse en Estados Unidos.*

Procedimientos para la Obtención de Visas TN que Deben Seguir los Ciudadanos Mexicanos

El tratado NAFTA estableció un período de 10 años durante el cual los procedimientos para la obtención de visas que debían seguir los ciudadanos mexicanos eran mucho más difíciles que los aplicables a los ciudadanos canadienses. Se requería que los solicitantes de visas TN mexicanos obtuvieran la certificación laboral y la aprobación del USCIS, como condición previa al otorgamiento de una visa TN. Asimismo, se imponía un límite máximo de 5.500 visas TN para ciudadanos mexicanos. (Debido a las dificultades para conseguir la visa, nunca se llegó a este límite.)

La situación ha cambiado por completo. A partir del 1 de enero de 2004, los requisitos para la obtención de visas TN son los mismos tanto para ciudadanos mexicanos como canadienses, aunque todavía siguen vigentes ciertas diferencias de procedimiento. En la

> *Los ciudadanos mexicanos tienen que solicitar la visa en un consulado de EE.UU.*

actualidad, si usted reúne los requisitos para obtener una visa TN, puede solicitarla sin necesidad de obtener previamente la certificación laboral.

Una de las grandes diferencias de procedimiento consiste en que los ciudadanos mexicanos deben solicitar la visa en un consulado de EE.UU., donde se les deberá poner el sello de la visa en el pasaporte, el cual deberán presentar en la frontera a fin de entrar en Estados Unidos como titulares de la visa TN.

Las extensiones de la visa TN pueden solicitarse en Estados Unidos.

Si desea solicitar una extensión de la visa TN, llene el Formulario I-129 y preséntelo ante el centro de servicio del USCIS. El titular de la visa deberá estar físicamente presente en Estados Unidos al efectuar la solicitud de extensión. Si por cualquier motivo el beneficiario debe ausentarse de Estados Unidos mientras esté pendiente la solicitud de extensión, deberá solicitar que la oficina del distrito envíe por cable la notificación de aprobación, al consulado de EE.UU. en México en el cual se emitirá la visa.

RECUERDE: Prepárese para presentar un gran volumen de información para respaldar la solicitud de visa TN y toda solicitud de extensión de la misma. Aunque ahora los requisitos son los mismos para los canadienses y los mexicanos (ya no hace falta presentar la certificación laboral), las autoridades examinan con más detenimiento las solicitudes de los ciudadanos mexicanos, seguramente como consecuencia de la etapa en la cual debían presentar más documentos para justificar su petición de visa.

Capítulo 7

Visas de Estudiante y de Aprendiazaje de Oficios

Estados Unidos ofrece a los extranjeros una amplia gama de instituciones educativas y centros de formación práctica donde pueden seguir carreras universitarias o aprender oficios. Las leyes de inmigración estadounidenses prevén el otorgamiento de distintos tipos de visas que permiten cursar estudios en EE.UU., recibir formación para el aprendizaje de oficios o conocer la cultura de este país.

Las visas que se mencionan en el presente capítulo poseen dos elementos en común. El primero de ellos es que requieren un patrocinador, ya sea la universidad que ha aceptado al solicitante de la visa, la compañía en que ésta realizará el aprendizaje, o en su defecto, una institución que permita que la persona extranjera conozca la cultura estadounidense. El presente requisito no suele constituir un problema en la mayoría de los casos, teniendo en cuenta el elevado número y variedad de visas que se ofrecen.

> Le hará falta un patrocinador y demostrar que está fuertemente arraigado en el país de origen.

El segundo requisito general radica en que se exige al solicitante que no tenga intenciones de emigrar a EE.UU. y al respecto se indican más detalles posteriormente, en este capítulo. En otras palabras, el solicitante de la visa debe acreditar ante el consulado de EE.UU. que se encuentra firmemente arraigado en su país de origen y que, por tanto, regresará a éste al caducar la visa.

Respecto a las visas de estudiante y de formación práctica, para acreditar la ausencia de intención de emigrar a EE.UU. no basta que el solicitante demuestre que posee una vivienda en su país de origen a la que podrá regresar. Le exigirán, también, demostrar que posee los recursos económicos que le permitirán costear su estadía mientras curse sus estudios, sin recurrir a un trabajo ilícito.

ESTUDIO DE CASO

Después de terminar los estudios secundarios, un alumno argentino es aceptado en la Facultad de Ingeniería de la Universidad de Illinois. La Universidad registra la aceptación mediante el programa informático de Registro de Alumnos Extranjeros y en el Régimen de Intercambio SEVIS (por sus siglas en inglés). Dicho programa, que se consulta a través del Internet, permite que el consulado estadounidense pueda recibir directamente de la Facultad la confirmación de que el alumno ha sido aceptado. Una vez cumplido dicho trámite, el alumno solicita la visa F-1 ante el consulado estadounidense en la ciudad de

> *Buenos Aires, debiendo demostrar, a tales efectos, que con el dinero de los padres y el de la beca posee suficientes fondos para pagar sus estudios. Por la vía del programa SEVIS, el consulado es notificado de la aceptación y, en consecuencia, expide la visa solicitada por el estudiante argentino.*

Visas de Estudiante

Hay dos clases de visas de estudiante: la F-1 y la M-1. La visa F-1 se utiliza para cursar estudios académicos y de inglés, pudiendo concederse a estudiantes universitarios, de escuelas secundarias y de escuelas de idiomas privadas. Por su parte, la visa M-1 puede utilizarse para cursar estudios no académicos y aprendizaje de oficios, incluidos los oficios industriales y cursos en academias de aviación.

El trámite de solicitud de estas visas F-1 o M-1 es en general el mismo para ambas categorías, aunque existen leves diferencias entre una y otra. Los requisitos generales son los siguientes.

- El solicitante de la visa deberá ser aceptado en un curso académico (universitario o secundario) o de idiomas u oficios.
- La institución académica deberá contar con la aprobación del USCIS.
- El solicitante de la visa deberá matricularse para cursar estudios a tiempo completo.
- En el caso de la visa M-1, si es necesario, el solicitante deberá obtener la licencia para estudiar el oficio correspondiente.

■ El solicitante de la visa deberá dominar la lengua inglesa o,en su defecto, matricularse en un curso de inglés para extranjeros.

■ El solicitante de la visa deberá poseer los recursos económicos suficientes y necesarios para su sustento durante la totalidad del curso de estudios.

ESTUDIO DE CASO

Juan H. ha sido aceptado para estudiar inglés en una academia de la ciudad de Nueva York, la cual cuenta con la autorización del USCIS. Con el objeto de acreditar que posee fondos suficientes para su sustento, la academia le solicita que acredite que tiene una cuenta bancaria con las cantidades que seguidamente se indican, además del boleto de avión de ida y regreso al país de origen. El importe que necesita dependerá de la duración del curso, con arreglo al siguiente detalle:

Un mes:	*Por lo menos US $1.223*
Seis meses:	*Por lo menos US $7.457*
Doce meses:	*Por lo menos US $14.663*

Las visas F-1 y M-1 son de no inmigrante por cuyo motivo el solicitante deberá demostrar que reside fuera de EE.UU. y que no tiene intención de renunciar a ello, debiendo acreditar asimismo que abandonará EE.UU. al caducar su visa de estudiante.

Cuando el solicitante de las visas F-1 o M-1 ya cuenta con la aceptación de la institución académica, ésta procedera a registrar la información correspondiente en la base de datos en línea del *Registro de Alumnos Extranjeros y en Régimen de Intercambio* (SEVIS, por sus siglas en inglés). Acto seguido, el interesado sólo tendrá que presentar ante el consulado estadounidense el certificado de autorización que expide el programa SEVIS, junto con el Formulario DS-156 debidamente llenado. Si el alumno ya se encuentra en EE.UU., deberá solicitar la modificación de su condición migratoria ante el USCIS que, igual que los consulados estadounidenses, puede consultar la base de datos del SEVIS. De esa forma, se puede saber al instante si el solicitante de la visa ha sido aceptado en un curso aprobado por el USCIS.

> *El solicitante de la visa no deberá tener intenciones de emigrar a EE.UU.*

> *Una vez cumplidos los requisitos, los trámites de la visa de estudiante son muy sencillos.*

Visa F-1, de Estudiante

La visa F-1 se utiliza para cursar estudios académicos de enseñanza primaria, secundaria y universitaria, así como en seminarios, conservatorios y otros centros de enseñanza.

¿Quiénes Pueden Solicitar esta Visa?

Los alumnos que pretendan matricularse en un curso de las características señaladas.

Cómo Solicitarla

El alumno tiene que ser aceptado por un establecimiento de estudios autorizado por el USCIS y éste
notificará la aceptación al consulado estadounidense
mediante el programa en línea SEVIS. Acto seguido, el
alumno deberá presentar ante el consulado el
Formulario DS-156, *Solicitud de visa de no inmigrante.*

Visa F-2, para Personas a Cargo del Estudiante

La visa F-2 es una visa de carácter derivado, pues su
titular deriva la condición migratoria de quien posee la
visa F-1. La visa F-2 es para el cónyuge y los hijos del
titular de la visa F-1.

¿Quiénes Pueden Solicitar esta Visa?

El cónyuge y los hijos del titular de la visa F-1.

Cómo Solicitarla

El titular de la visa F-1 deberá incluir el nombre del
cónyuge e hijos en el formulario mediante el cual solicita ser aceptado en el centro de enseñanza. El cónyuge
y los hijos deberán presentar ante el consulado estadounidense el Formulario I-20, emitido por el SEVIS,
así como el Formulario DS-156, *Solicitud de visa de no
inmigrante,* junto con la solicitud correspondiente al
titular de la visa F-1.

Visa F-3, para Estudiantes Fronterizos Canadienses y Mexicanos

Se instituyó una nueva visa, F-3, para ciudadanos canadienses y mexicanos no inmigrantes que pretendan desplazarse frecuentemente a EE.UU. con fines de estudio. Rigen los mismos requisitos que para la visa F-1, salvo que la cuantía de los fondos que debe acreditar el solicitante para su manutención varía teniendo en cuenta el hecho de que sigue viviendo en Canadá o en México.

¿Quiénes Pueden Solicitar esta Visa?

Los ciudadanos canadienses y mexicanos, así como los residentes en uno de estos países, que sean aceptados para estudiar en un centro de enseñanza autorizado de EE.UU.

Cómo Solicitarla

El trámite es igual que para la visa F-1. El alumno primero es aceptado y luego presenta ante el consulado estadounidense el Formulario DS-156, *Solicitud de visa de no inmigrante* a efectos de obtener la visa F-3.

Trabajo y Estudio

La visa de estudiante F-1 no autoriza a trabajar en EE.UU. Por dicho motivo, el funcionario consular deberá comprobar que el solicitante posee recursos económicos suficientes para sustentarse por sí mismo mientras cursa sus estudios. De todos modos, tal cosa no implica que sea imposible conseguir autorización para trabajar en EE.UU. al mismo tiempo que estudia.

En efecto, el alumno extranjero puede trabajar en las tres circunstancias que se indican a continuación.

Según la legislación actual, el alumno que posee la visa F-1 puede trabajar en la misma universidad donde estudia, durante un máximo de veinte horas por semana durante el año lectivo y sin límite de tiempo en el período de vacaciones, en empresas que prestan servicios directos a los alumnos, como cafeterías y librerías.

> Es posible trabajar en el recinto universitario.

También puede trabajar fuera de las dependencias universitarias en labores que guarden relación con el plan de estudios de la universidad o, en su defecto, en proyectos de investigación realizados por convenio con la institución docente. Con arreglo a las nuevas disposiciones legales, el alumno puede trabajar hasta finales del semestre, con la condición de que tenga previsto matricularse en el siguiente período lectivo.

> Se permite trabajar en régimen de prácticas.

Las prácticas de trabajo pueden hallarse comprendidas en el plan de estudios de la institución docente o pueden quedar libradas a la voluntad del alumno. En el primer caso se denominan *Prácticas Reglamentarias* (CPT, por sus siglas en inglés) y *Prácticas Voluntarias* (OPT, por sus siglas en inglés), en el segundo. Con ligeras diferencias, ambas categorías permiten que el alumno pueda trabajar mientras estudia.

RECUERDE: Las prácticas de carácter general se reservan para el alumno que haya sido titular de la visa F-1 durante, al menos, un año lectivo. Por dicho motivo es aconsejable obtener dicha categoría de visa, aunque no la necesite para cursar sus estudios. Lo mismo ocurre con las personas que se hallan a cargo del titular de una visa (cónyuge e hijos), quienes pueden estudiar sin necesidad de tener visa propia, aunque les hará falta la visa si desean realizar prácticas remuneradas.

El trabajo en régimen de CPT requiere la previa autorización del funcionario a cargo de estudiantes extranjeros (DSO, por sus siglas en inglés), lo cual se efectúa mediante el Formulario I-20, si el centro de enseñanza está integrado en el SEVIS, o mediante el Formulario I-538. Las prácticas deben estar previstas en el plan de estudios, ya sea en forma de pasantía, programa alternativo de trabajo y estudio o practicum. No es necesario conseguir autorización para trabajar, sino que basta con que el DSO firme el señalado Formulario I-20.

Por su parte, para trabajar en régimen de OPT debe conseguirse el documento que autoriza a hacerlo, presentando el Formulario I-20 (firmado por DSO) junto con el Formulario I-765. El alumno puede solicitar que le autoricen a participar en las Prácticas Voluntarias hasta noventa días antes de la fecha en que termine el primer año lectivo, aunque no podrá comenzar a trabajar efectivamente hasta que se cumpla la fecha de conclusión de las clases. La autorización para las OPT caduca automáticamente cuando el alumno se traslada a otro establecimiento de estudios.

Queda autorizado a trabajar fuera de la universidad el alumno que acredite que padece penurias económicas provocadas por causas imprevistas y ajenas a su voluntad. Se requiere que las penurias sean posteriores a la fecha en que haya solicitado y obtenido la visa F-1, lo cual es razonable porque, de todos modos, en el momento de solicitar la visa, el alumno tiene que demostrar que posee suficientes recursos económicos para mantenerse mientras cursa sus estudios. Sin embargo, puede ocurrir que las penurias se presenten luego, por ejemplo, si el padre del alumno pierde el trabajo y ya no puede pagarle los estudios.

> *Se permite trabajar en caso de penurias económicas.*

Visa M-1, para Aprendizaje de Oficios

La visa M-1 está destinada a alumnos que cursan estudios de oficios, no académicos, completos.

¿Quiénes Pueden Solicitar esta Visa?

Los alumnos que desean matricularse en cursos para aprender oficios, tales como clases de vuelo, conducción de camiones, etc.

Cómo Solicitarla

En primer lugar, el alumno tiene que ser aceptado en el instituto donde desee estudiar y, luego, el instituto notifica la aceptación al consulado estadounidense mediante el programa en línea SEVIS. Por último, el alumno acude al consulado, donde presenta el Formulario DS-156, *Solicitud de visa de no inmigrante*, a fin de obtener la visa M-1.

Visa M-2, para Personas a Cargo del Alumno

La visa M-2 es una visa de carácter derivado, pues su titular deriva la condición migratoria de quien posee la visa M-1.

¿Quiénes Pueden Solicitar esta Visa?

El cónyuge y los hijos del titular de la visa M-1.

Cómo Solicitarla

El titular de la visa M-1 debe incluir el nombre del cónyuge e hijos en el formulario por el cual solicita ser aceptado en el centro de enseñanza. El cónyuge e hijos deben presentar ante el consulado estadounidense el Formulario I-20, emitido por el programa SEVIS, así como el Formulario DS-156, Solicitud de visa de no inmigrante, junto con la solicitud del titular de la visa M-1.

Visa M-3, para Estudiantes Fronterizos Canadienses y Mexicanos

Esta visa se ofrece a los ciudadanos canadienses y mexicanos que residen en el respectivo país de origen.

¿Quiénes Pueden Solicitar esta Visa?

Los ciudadanos canadienses y mexicanos, así como personas residentes en dichos países, que sean aceptados para aprender un oficio en un centro de enseñanza autorizado de EE.UU. y que deseen desplazarse regularmente a dicho país desde Canadá o México a fin de cursar dichos estudios.

Cómo Solicitarla

El trámite es igual que el de la visa M-1. El alumno primero es aceptado en un establecimiento docente autorizado y luego presenta ante el consulado estadounidense el Formulario DS-156, *Solicitud de visa de no inmigrante*.

Visa J-1, para Prácticas e Intercambios Culturales

La visa J-1 es muy útil y no resulta difícil de obtener. Se busca con ella fomentar la colaboración entre las naciones y estimular la difusión de las ideas. Es una visa de no inmigrante, por lo cual el solicitante deberá demostrar que abandonará los Estados Unidos una vez concluidos los estudios.

¿Quiénes Pueden Solicitar esta Visa?

Podrán aspirar a la visa J-1, quienes deseen viajar a EE.UU. en el marco de un programa de intercambio, para cursar estudios, usufructuar becas de breve duración o tomar parte en prácticas empresariales, o cumplir funciones de profesores, catedráticos universitarios, investigadores, médicos, líderes de campamentos o personal *au pair*.

Cómo Solicitarla

Los trámites de solicitud son semejantes a los de la visa de estudiante F-1. En primer lugar, el solicitante debe ser aceptado por el patrocinador de un plan de estudios que goce de autorización y, tras ello, el patrocinador registra la aceptación en la base de datos del SEVIS. A continuación, el solicitante de la visa deberá presentar el Formulario DS-156 ante el consulado estadounidense, donde consultarán el SEVIS para comprobar que sea efectiva la aceptación y, en su caso, expedir la visa J-1.

> La duración de la visa depende del tipo de estudios a cursar.

Hay diversas categorías de la visa J-1, las cuales dependen de los estudios que el solicitante piense cursar en EE.UU. Dichas categorías y la duración de la estadía correspondiente son las que siguen:

- Alumnos de secundaria: Hasta un año
- Alumnos universitarios: La duración del programa académico
- Alumnos universitarios graduados: Hasta dieciocho meses de estudios, después de graduarse
- Alumnos de post doctorado: Hasta treinta y seis meses de estudios, después de graduarse
- Alumnos universitarios que no aspiran a obtener un título académico: Hasta dos años
- Becas breves: Hasta seis meses
- Prácticas empresariales: Hasta dieciocho meses
- Academias de vuelo: Hasta veinticuatro meses
- Maestros de primaria y profesores de secundaria: Hasta tres años
- Profesores universitarios e investigadores: Hasta cinco años
- Especialistas: Hasta un año
- Médicos extranjeros: La duración de las prácticas o la residencia, generalmente durante un máximo de siete años
- Cursos de verano con posibilidad de trabajar y efectuar viajes: Hasta cuatro meses
- Personal *au pair*: Hasta un año
- Visitantes internacionales: Hasta un año
- Visitantes oficiales: Hasta dieciocho meses
- Líderes de campamentos: Hasta cuatro meses

A fin de obtener la visa J-1 es fundamental conseguir un patrocinador, que puede ser un establecimiento de estudios, una institución, el gobierno de Estados Unidos, o bien una compañía estadounidense. El patrocinador deberá haber estructurado un plan de intercambio de visitas de reconocido prestigio, autorizado por la

> *Para obtener la visa J-1 el patrocinador es el factor clave.*

Dirección de Asuntos Culturales y de Enseñanza, dependiente del Departamento de Estado de EE.UU.

RECUERDE: Si el solicitante de la visa logra que una empresa le ofrezca trabajo en régimen de prácticas, pero carece de la señalada autorización oficial, podría recurrir al patrocinio de una organización de tipo "general" y la compañía hará de anfitrión. La institución de tipo "general" es aquella que ya posee autorización oficial; se encarga de examinar el programa de formación práctica que se le ofrece al solicitante y confirmará al Departamento de Estado que el mismo reúne los requisitos establecidos para la visa J-1. Dichas organizaciones cobran honorarios por sus servicios, aunque en numerosas ocasiones resulta más conveniente que conseguir el patrocinio de una compañía privada. En numerosos países funcionan organizaciones de patrocinio autorizadas por el Departamento de Estado de EE.UU.

La visa J-1 implica cierto riesgo oculto al que debe prestarse especial atención. Se trata de una norma por la cual, una vez concluida la estadía para la que se solicitó la visa, el titular de ésta deberá residir, al menos, dos años en el extranjero antes de que pueda regresar a EE.UU. En virtud de esa norma, no resulta posible modificar la condición migratoria mientras dure la estadía en EE.UU. Dicha norma rige para los médicos y demás personal relacionado con la medicina, las visitas en régimen de inter-

> *Importancia de la norma que exige dos años de residencia posterior en el extranjero.*

cambio sufragadas por el gobierno extranjero o el estadounidense y también para aquellos otros visitantes en intercambio cuyos conocimientos no abunden en el país de origen. El solicitante se enterará respecto a si dicha norma le afecta o no cuando solicite la modificación de la condición migratoria que posee en ese momento.

> **RECUERDE:** Si el titular de la visa J-1 se rige por la norma de los dos años de residencia posterior en el extranjero y tiene motivos fundados para solicitar otra condición migratoria, deberá averiguar si puede obtener algún tipo de dispensa, las cuales podrían otorgarse para las especialidades médicas o afines para las cuales exista demanda en EE.UU.; para personas que consiguen una "carta de autorización" (no objection) del gobierno que lo patrocina; y también para casos de penurias graves.

Visa H-3, para Prácticas Empresariales

La visa H-3 autoriza a compañías privadas e instituciones a llevar a EE.UU. personal del extranjero para participar en programas de formación práctica establecidos en la propia compañía, cuya duración no puede exceder de dos años. Teóricamente, la visa puede utilizarse para realizar casi cualquier clase de prácticas, con la condición de que se trate de adquirir conocimientos novedosos. Por tanto, quedan excluidas aquellas prácticas que consisten en la repetición, el repaso o la aplicación práctica de conocimientos ya adquiridos. En otras palabras, el curso de aprendizaje no puede constar exclusivamente de prácticas de trabajo, sino que deberá comprender, además, clases, prácticas dirigidas, etc.

¿Quiénes Pueden Solicitar esta Visa?

Las personas que deseen participar en programas de formación práctica, con excepción de los médicos, que se amparan en la visa J-1.

Cómo Solicitarla

La institución o compañía patrocinadora en que se dictará el curso presenta el Formulario I-129, *Solicitud de visa de trabajador no inmigrante,* en el centro de servicio del USCIS correspondiente a la región geográfica en cuestión.

> *Podrá percibir remuneración, pero sin derecho a trabajar.*

La visa H-3 permite que la empresa estadounidense pague al practicante, aunque, en realidad, éste no pueda desempeñar ningún puesto de trabajo productivo. Dicho en otras palabras, el practicante se encuentra en la compañía para aprender y no para ocupar el puesto de un trabajador estadounidense. Por causa de dicho requisito, es imprescindible que el patrón acredite que la empresa cuenta con personal suficiente para realizar la actividad propia y también para dictar el aprendizaje y, que, por consiguiente, el practicante no tendrá que desempeñar puestos de trabajo productivos. En la práctica, tal norma limita el alcance de la visa H-3 a aquellas empresas e instituciones que poseen numeroso personal.

El otorgamiento de la visa H-3 exige el cumplimiento de requisitos estrictos y sumamente restrictivos. Por esta razón, el USCIS estudia con sumo detenimiento las solicitudes de esta clase de visa y no suele considerar favorablemente los programas de prácticas. Los aspectos que merecen mayor atención son los siguientes:

> *Los requisitos exigentes de esta clase de visa obligan a prepararse minuciosamente para solicitarla.*

- El programa de prácticas no puede tener la finalidad de preparar al participante para desempeñar un puesto de trabajo en la compañía estadounidense. El participante deberá acreditar, además, que regresará al país de origen cuando finalice el curso.

- El curso de aprendizaje deberá ser estructurado y formal y, asimismo, gozar de reconocido prestigio. Los nuevos programas de prácticas son objeto de rigurosa fiscalización.

- Se requiere que no se ofrezcan tales programas de prácticas en el país de origen del solicitante de la visa, aunque tal cosa resulta sumamente difícil de acreditar. Por tal motivo, no bastan para el presente requisito afirmaciones generales tales como "el participante realizará prácticas de dirección de empresas."

RECUERDE: La principal desventaja de la visa H-3 radica en que, para solicitar el régimen de la visa H-1B (trabajador profesional) o la de la L-1 ("gerente"), es necesario que el titular abandone EE.UU. y permanezca en el extranjero durante un lapso mínimo de seis meses. Este requisito responde a la preocupación de evitar que el aprendiz pueda ocupar un puesto de trabajo en la compañía estadounidense.

Dada la dificultad para conseguir esta visa, así como las restricciones para modificar la condición migratoria, tanto las empresas como los solicitantes suelen buscar otras vías de ingreso a EE.UU. La visa J-1, para prácticas, ya tratada en este mismo capítulo, constituye una buena alternativa, aunque su plazo de validez no supera los dieciocho meses, a diferencia de la visa H-3, cuya duración se extiende durante veinticuatro meses. Otra posibilidad es la visa B-1, para viajes de negocios, referidas en el Capítulo 5, aunque en este caso se exige que las prácticas sean costeadas por una empresa extranjera.

> *Existen sustitutos para la visa H-3.*

Apéndice A

Formularios

¡Nunca pague para obtener un formulario de inmigración! Todos los formularios que necesita pueden obtenerse, gratuitamente, a través del USCIS, el Departamento de Estado (y los consulados a su cargo), o el Departamento de Trabajo de EE.UU. Cada uno de estos organismos ha preparado ciertos formularios. A continuación se indican sus designaciones y las maneras de obtenerlos.

Formularios en Línea

La manera más fácil de obtener cualquier formulario es en línea. Si usted dispone de acceso a Internet, puede obtener determinados formularios ingresando a los siguientes sitios Web:

- **www.uscis.gov** (todos los formularios "AR", "G" e "I")
- **www.state.gov** (todos los formularios "DS")
- **www.dol.gov/libraryforms/formsbyagency.asp** (todos los formularios "ETA")

Formularios Obtenidos por Teléfono

- Llame al número 1-800-870-3676, para obtener todos los formularios del USCIS (formularios "AR", "G" e "I")
- Llame al consulado de EE.UU. más cercano a su domicilio, para todos los formularios "DS" (y otros formularios)
- Llame al teléfono 1-864-4-USA-DOL, para obtener los formularios del Departamento de Trabajo ("ETA")

Formularios que Pueden Obtenerse en Persona

Las oficinas de distrito del USCIS y los consulados de EE.UU. disponen de formularios. Sin embargo, lo más seguro es que esto implique una cierta espera. Algunas veces las oficinas arriba señaladas, sólo habilitan una fila a la vez, por lo cual es posible que usted tenga que aguardar su turno junto con los demás solicitantes de visa así como el resto del público general para solicitar los formularios que necesite.

Los formularios son el elemento fundamental para la tramitación y emisión de visas. Dedique el tiempo necesario para llenarlos completamente y revíselos exhaustivamente antes de presentarlos. Si tiene alguna duda recurra a un abogado de inmigración competente.

- Formulario DS-156: Solicitud de visa (para utilizar en los consulados de EE.UU. en el exterior)
- Formulario I-129: Petición para trabajador no inmigrante
- Formulario I-140: Petición de trabajador inmigrante
- Formulario I-539: Solicitud para extender/modificar la condición de no inmigrante (disponible también en español)
- Formulario I-765: Solicitud de permiso de trabajo

Los Autores

Debbie M. Schell, JD es abogada y escritora y ejerce su profesión en la Firma Legal de Kurt A. Wagner. Es miembro de la Asociación de Abogados de Inmigración Norteamericana (AILA) y del Comité de Inmigración y Nacionalidad de la Asociación de Abogados de Chicago. Sus primeros contactos con la experiencia migratoria se dieron a muy temprana edad, cuando su madre inmigró de Jamaica a los Estados Unidos de Norte América y su padre se fue a EE.UU. desde Belice. La licenciada Schell ha editado libros legales así como también trabajos sobre la ley de asilo. Su clientela incluye tanto a refugiados como a individuos o compañías que necesitan ayuda con los temas de inmigración. Adicionalmente, ella tiene mucha experiencia con los temas de derechos humanos relacionados con empleo y vivienda.

Kurt A. Wagner recibio su licenciatura como abogado con altos honores y distinciones (*Magna Cum Laude*). Es autor, conferencista y panelista universitario y fundador de la Firma Legal de Kurt A. Wagner, con oficinas en Illinois (EEUU) y Austria. Es miembro activo de la Asociación de Abogados del Estado de Illinois, de Chicago y de Washington D. C. en la Sección de Leyes Internacionales y de Inmigración. Ha prestado servicios como funcionario consular del Ministerio de Asuntos Exteriores de los Estados Unidos, por lo cual cuenta con mucha experiencia en el procesamiento de visas en las embajadas de EEUU con sede en el exterior. Actualmente, da clases relacionadas a temas legales en la Universidad de Klagenfurt y en el Instituto Técnico de Carinthia en Austria. Asimismo, presta servicios como Jefe de Edición de Publicaciones Legales de la Universidad "Southern University" en el Estado de Illinois (EE.UU.).